Beate Fiedler
Es ging ganz einfach

Beate Fiedler

Es ging ganz einfach

Hase und Igel®

Für Lehrkräfte gibt es zu diesem Buch
ausführliches Begleitmaterial beim Hase und Igel Verlag.

© 2019 Hase und Igel Verlag GmbH, München
www.hase-und-igel.de
Lektorat: Mira Fischer
Illustrationen: Anja Mo Kast (www.mophasia.de)
Satz: Appel Grafik München GmbH
Druck: CPI – Ebner & Spiegel, Ulm

ISBN 978-3-86760-274-7
4. Auflage 2024

Prolog

Es ging ganz einfach, viel einfacher als erwartet. Ein paar Klicks und aus dem alten Foto war ein neues Foto entstanden. Die wenigen hinzugefügten Details ließen alles in einem völlig anderen Licht erscheinen. Verblüffend echt, erhaben über jeden Zweifel. Wie hieß es doch so schön? Ein Bild sagt mehr als tausend Worte.

Und obwohl das Herz heftig schlug, blieb der Verstand ganz gelassen. Es war niemand in der Nähe, niemand, der hätte beobachten können, was gerade geschah. Fast ein bisschen traurig, wenn das vollendete Werk allein für den sichtbar war, der es geschaffen hatte. Kein Applaus, kein Zuspruch, kein Jubel, kein Erstaunen oder Entsetzen, nur Stille. Aber diese Stille hatte nichts Beruhigendes. Im Gegenteil, sie war so laut, dass sie kaum zu ertragen war. Nichts, was ablenkte, nichts, was zerstreute.

Unglaublich, wie simpel es war. Der Mauszeiger war ein paarmal über den Bildschirm gehuscht und schon war es vollbracht. Nun musste es nur noch abgeschickt werden. In solchen Momenten können Sekunden zu Stunden werden. In solchen Momenten schlägt das Herz bis zum Hals, beißen Zähne fest aufeinander, um die Anspannung ertragen zu können. Aber eine Stimme im Kopf schien zu flüstern: *Mach es!* Es war nichts Schlimmes daran, niemandem würde dadurch Schaden zugefügt werden.

Dann übernahmen die Finger das Kommando, so, als seien sie losgelöst vom Rest des Körpers. Der Handballen hatte einen leichten Schweißfleck auf dem Schreibtisch hinterlassen.

Das Bild war weg. Abgeschickt. Sichtbar für die Menschen, die es sehen sollten.

Alles andere war nun nur noch eine Frage der Zeit.

1. Kapitel

Jacob läuft die Treppe herunter und schaut sich suchend um, aber sein Vater hat das Haus bereits verlassen. Sein Hund Ole liegt im Körbchen und hebt verschlafen den Kopf, als Jacob in die Küche kommt. Zu mehr Bewegung kann sich Ole bei der Hitze offensichtlich nicht aufraffen. Sein Wassernapf ist leer, aber das Futter hat er noch nicht angerührt.

Jacob holt sich die Milchflasche aus dem Kühlschrank und trinkt hastig. Gut, dass sein Vater das nicht sehen kann. Aus der Flasche zu trinken ist verboten, war es schon immer. Wobei dieses Verbot keinen Sinn mehr macht, findet Jacob, denn mittlerweile ist er der Einzige im Haus, der Milch mag. Wer also sollte es eklig finden, wenn er direkt aus der Flasche trinkt?

Jacob setzt sich auf den Küchenstuhl und kaut lustlos an einer Scheibe Toast.

Auf dem Tisch liegt der Stadtanzeiger, daneben steht eine halb volle Tasse mit Kaffee. Jacob sieht sich um, aber er findet nirgendwo einen Zettel, auf dem ihm sein Vater mitgeteilt hätte, wohin er gefahren ist und wann er zurückkommen wird.

Er schaut in die Zeitung und überblättert alle Informationen aus den umliegenden Gemeinden. Auf der Marzheimer Seite wird wieder heftig über das Bauvorhaben diskutiert. Besorgte Bürger äußern ihren Unmut über den Dreck und den Lärm auf den Straßen, der sich nicht vermeiden lassen wird, wenn erst einmal die Lkws durch die Stadt rollen. Man wird eine Lösung finden, verspricht der Bürgermeister, aber niemand kann sich vorstellen, was für eine Lösung das sein soll. Jacob überfliegt die Namen derer, die ihre Ansicht zu diesem Thema geäußert haben, doch außer der Mutter von Kanzi und Neyla kennt er niemanden.

Über den gedruckten Meinungen der Bürger ist der Entwurf des geplanten Gewerbegebiets und des möglichen Einkaufszentrums abgebildet. Eine riesige Fläche würde das werden. Jacob hat seinen Vater schon öfter mit dem Bürgermeister darüber reden hören, beide sind begeistert von der Idee. Nur mit der Gegenwehr der Marzheimer haben sie nicht gerechnet. Jacob erinnert sich, dass sein Vater nach einem Telefonat mit dem Bürgermeister eher zu sich selbst als zu seinem Sohn gesagt hat: „Alle wollen, dass neue Arbeitsplätze geschaffen werden und dass hier mehr los ist, aber niemand möchte auch nur einen einzigen Nachteil in Kauf nehmen, sei er auch noch so klein."

Jacob blättert weiter in der Zeitung und plötzlich stockt ihm der Atem. Auf der Seite mit den Annoncen sind fünf Wohnungsanzeigen mit einem roten Stift umrandet, kleine Wohnungen, nicht mehr als drei Zimmer und keine davon in Marzheim. Schon wieder, denkt Jacob wütend und wirft seine halbe Scheibe Toast so schwungvoll auf den Tisch, dass sie über den Rand hinausschießt und direkt vor Oles Körbchen landet. Bereits in den letzten beiden Ausgaben des Stadtanzeigers hat sein Vater Wohnungsanzeigen markiert.

Jacob überfliegt die Angebote. Die meisten der Abkürzungen kennt er nicht, aber das, was er versteht, macht ihm noch mehr Angst. Drei der Vermieter untersagen Tierhaltung in der Wohnung. Und als könnte Ole Gedanken lesen, springt er plötzlich auf, stellt seine Vorderpfoten auf Jacobs Stuhl und schaut ihn aus seinen großen braunen Augen an. Jacob streichelt durch Oles Fell und sagt: „Nicht mit uns, Ole. Das machen wir nicht mit. Das verspreche ich dir."

Er steht auf und öffnet die Tür zur Terrasse. Ole trottet langsam hinaus, um sich sofort unter dem Kirschbaum ein schattiges Plätzchen zu suchen. Jacob bleibt im Türrahmen stehen und schaut in den Garten. Auf seiner

Tischtennisplatte liegen noch zwei Schläger vom letzten Spiel gegen Oscar. Sein Blick schweift über die blühenden Büsche. Wie schön es hier ist, denkt Jacob und wundert sich im nächsten Moment, dass ihm das vorher nie richtig aufgefallen ist. Natürlich sind nicht ganz so viele Beete da wie früher, als seine Mutter noch bei ihnen wohnte. Aber dafür gibt es jetzt einen größeren Rasen und mehr Platz zum Fußballspielen.

Niemals will er das missen. Niemals will er in irgendein kleines Nest wie Beckthal oder Munchlau ziehen. Nicht mal einen See haben die dort, keinen Jugendtreff, kein Kino, einfach nichts, außer billigen Wohnungen. Und es wäre schwierig, sich mit Oscar zu treffen und mit seinen anderen Freunden. Er müsste eine neue Schule besuchen und würde Anna vielleicht nie mehr wiedersehen. Niemals, denkt Jacob und ballt seine Hand zur Faust. Er ist wütend auf seinen Vater. Wie konnte er nur auf die Idee kommen, Wohnungen auszusuchen, ohne vorher mit ihm darüber zu sprechen? Wohnungen, in die Ole nicht mit einziehen dürfte! Glaubte sein Vater wirklich, er würde seinen geliebten Hund hergeben? Das Abschiedsgeschenk seiner Mutter? Ole ist ohnehin das Einzige, was ihm nach dem Weggehen der Mutter geblieben ist. Niemals würde er auf seinen Hund verzichten.

2. Kapitel

Kanzi rutscht ungeduldig auf seinem Stuhl herum. Die Finger gleiten nicht so leicht über die Tastatur, wie er sich das wünschen würde. Ständig kreist sein Zeigefinger über den Buchstaben, bis er den richtigen erwischt. Er hat noch nie einen langen Text auf dem Computer geschrieben, immer nur kurze Sätze, die er über Facebook oder über WhatsApp versendet hat. Jetzt aber muss er Absätze einhalten, auf ein ordentliches Layout achten und an die Rechtschreibung denken. Stöhnend wischt er sich den Schweiß von der Stirn. Es ist der erste Tag der lang ersehnten Sommerferien und es ist so heiß, dass er sich schon im Garten mit dem Wasserschlauch abgekühlt hat.

„Neyla!", ruft er bittend nach seiner älteren Schwester. Noch zwei weitere Anläufe sind nötig, bis seine Schwester endlich im Büro der Sozialarbeiterin erscheint.

„Was?", fragt sie genervt und bleibt im Türrahmen stehen.

Kanzi antwortet nicht, wirft ihr aber einen Hilfe suchenden Blick zu.

„Du wolltest unbedingt mitmachen, jetzt schreib auch allein", sagt sie, dreht sich auf dem Absatz um und verschwindet wieder.

Kanzi beschließt, sich eine kleine Pause zu gönnen. Im Gruppenraum sitzen Neyla und die Sozialarbeiterin Rike am Tisch und sortieren Fotos. Ringsherum liegen verschiedenfarbige Bogen Bastelkarton auf dem Fußboden. Neylas Plakat für die Fotoausstellung ist schon fertig. Auf leuchtend orangem Papier klebt ein Bild vom Waldsee: Menschen in lustiger Badekleidung und mit ungewöhnlichen Frisuren tummeln sich am und im Wasser. Darunter sieht man weitere Fotos, die Neyla während des Workshops aufgenommen hat – der Waldsee heute: verschneite Bäume im Winter, eine Entenfamilie im Frühling und Menschen, die sich bei Sonnenschein auf einer Luftmatratze über das Wasser treiben lassen. Fein säuberlich daneben hat sie den Text geklebt, den sie zu den Bildern geschrieben hat.

Obwohl Kanzi ihn schon mehrmals gelesen hat, schaut er interessiert über die Zeilen. Immer wieder wirft er einen verstohlenen Seitenblick hinüber an den Tisch. „Bitte", bettelt er so lange, bis Rike augenrollend aufsteht und ihm mit einer Kopfbewegung in Richtung Büro zu verstehen gibt, dass sie ihm helfen wird.

Hat er es wieder geschafft, denkt Neyla. Niemand kann seinem traurigen Blick aus den riesigen dunklen Augen widerstehen. Eigentlich ist er viel zu jung für den Jugendtreff. Zwölf Jahre alt muss man mindestens sein und Kanzi ist erst neun. Aber das ist der Deal: Wenn ihre Mutter arbeitet, muss Neyla auf ihren kleinen Bruder aufpassen. Und da das ziemlich häufig der Fall ist, hätte sie so gut wie nie zum Jugendtreff in die Villa gehen können. Rike hat sich schließlich breitschlagen lassen und eine Sonderregelung für Kanzi geschaffen. Seitdem ist er ständig dabei, auch wenn ihre Mutter zu Hause ist. Am Anfang war Neyla schrecklich genervt. Ständig mussten ihre gleichaltrigen Freundinnen über Kanzis dunklen Lockenkopf streichen. Mittlerweile hat sie sich daran gewöhnt, dass er, obwohl er eigentlich nur ein geduldeter Gast ist, von allen umschwärmt und gehätschelt wird.

Nach und nach kommen auch die anderen in der Villa an und versammeln sich um den Tisch. Sie suchen ihre Bilder aus dem Stapel heraus und reservieren sich die Plakate, deren Farbe am besten zu ihren Fotos passt. Endlich ist auch Rike fertig und Kanzi hält stolz seinen ausgedruckten Text in der Hand. Die Seitenwand, an die man gemalte Bilder, lustige Sprüche oder Wünsche pinnen kann, ist leer geräumt. In großen Buchstaben steht dort schon:

MEINE STADT – FRÜHER UND HEUTE

„Glaubst du, dass viele Leute kommen werden?", fragt Kanzi.

Neyla zuckt mit den Schultern. Überall in der Stadt haben sie Werbung verteilt und auf ihre Fotoausstellung hingewiesen.

„Die Leute vom Seniorenheim kommen auf jeden Fall übermorgen, wenn wir eröffnen. Mein Bruder arbeitet ja dort und er meint, dass es bestimmt um die zwanzig sein werden", sagt Rike.

Kanzi reißt erstaunt die Augen auf und grinst über das ganze Gesicht. Auch die anderen freuen sich. Sie haben sich mit ihren Bildern viel Mühe gegeben. Über ein halbes Jahr haben sie an Rikes Fotoworkshop teilgenommen. Und die Ergebnisse können sich wirklich sehen lassen. Kanzi schaut sich Ellens Fotos vom Kirchturm noch ein-

mal genauer an. Ihr Bild von früher zeigt den Kirchturm, bevor er restauriert wurde. Eine Storchenfamilie konnte ihr Nest dort bauen, weil die Spitze abgebrochen war. Auf einem ihrer Bilder von heute ist ein wunderschöner doppelter Regenbogen über der Kirche zu erkennen.

Kanzi ist ein wenig neidisch. Seine Fotos sind nicht so spektakulär wie die der Jugendlichen. Vor allem sein Foto von früher hat so rein gar nichts mit den Bildern gemeinsam, die die anderen aufgetrieben haben. Aber natürlich haben die es ja auch viel leichter, denkt er, fast jeder konnte seine Großeltern um alte Bilder bitten. Seine Großeltern leben in Kenia – und Afrika war nun mal leider nicht das Thema.

Rike klatscht in die Hände und ruft: „So, Leute, lasst uns anfangen! In einer Stunde kommen die Gärtner zum Arbeiten, bis dahin sollten wir fertig sein. Schaut erst mal, wie ihr die Bilder und die Texte anordnen wollt, und wenn alles passt, dann klebt ihr sie auf. Die fertigen Plakate machen wir später hier an der Seitenwand fest und an den Stellwänden. Alles klar?"

„Jacob ist noch nicht da!", ruft Oscar.

„Der wird schon kommen", sagt Rike mit einem ärgerlichen Blick auf die Uhr. „Habt ihr weitere Fragen?"

„Können wir auch mal eine Ausstellung über Kenia machen?", fragt Kanzi. Die anderen grinsen, nur Neyla stöhnt laut. „Ich mein ja nur … Ich hab nämlich sehr schöne Fotos aus Kenia, von früher und von heute. Stimmt's, Neyla?" Seine Schwester verzieht das Gesicht zu einer Fratze und die anderen müssen lachen.

„Vielleicht", sagt Rike lächelnd. Dann machen sich alle an ihre Arbeit.

3. Kapitel

Jacob fährt mit seinem Rad die Landstraße entlang. Er ärgert sich, dass es schon so spät geworden ist. In der Eile hat er sogar vergessen, seinen Helm aufzusetzen. Das wird wieder Stress mit seinem Vater geben, wenn der sieht, dass er seinen Fahrradhelm im Flur liegen gelassen hat. Er tritt fest in die Pedale, als könnte er dadurch seine ganze Wut abbauen.

Jacob darf nicht darüber nachdenken, was es bedeuten würde, wenn sein Vater wirklich das Haus verkaufen würde. Immer geht es ums Geld, denkt Jacob, immer nur ums Geld. Und als wäre das alles nicht schon ärgerlich genug, lässt sich plötzlich der Akku seines Handys nicht mehr richtig aufladen und nun braucht er dringend ein neues. Vor ein paar Tagen hat er seinen Wunsch geäußert. Aber sein Vater hat nur gelacht und den Kopf geschüttelt. Und dann hat er ihm sein altes, ausrangiertes Handy angeboten. Ein Steinzeithandy, mit dem sich Jacob nirgendwo sehen lassen kann. Er sei kein Millionär, hat sein Vater gesagt. Und so hat ein Wort das andere gegeben und schließlich ist Jacob wütend auf sein Zimmer gegangen. Über das Handy haben sie seitdem nicht mehr gesprochen.

Jacob schaut immer wieder auf die Uhr. Hätte er bloß nicht so lange Zeitung gelesen. Die anderen sind jetzt sicher schon fertig mit ihren Plakaten und dann gibt es für seine Fotos höchstens noch einen Platz irgendwo in einer Ecke, in die sonst niemand gehen will. Und das nur, weil er zu spät kommt. Zu spät und irgendwie auch zu früh. Ein kurzes Lächeln huscht über Jacobs Gesicht. Kann ein Mensch gleichzeitig zu spät und zu früh an einem Ort sein? Wahrscheinlich niemand außer mir, denkt Jacob.

In knapp einer Stunde würden sich die Älteren zur Arbeit im Garten treffen. Dann erst würde auch Anna kommen. Schade, dass sie nicht beim Fotoworkshop mitgemacht hat. Er muss auf jeden Fall weg sein, wenn die Älteren in der Villa eintreffen. Fast die gesamte letzte Schulwoche ist er wegen denen auf dem Pausenhof Spießruten gelaufen. Wie blöd auch von ihm, dass er seinen Block auf dem Tisch im Jugendtreff vergessen hat. Und wie blöd, dass ausgerechnet Martin, dieser Spinner, den Block gefunden und darin herumgestöbert hat. Bestimmt hat er die Briefe entdeckt, die Jacob an seine Mutter schicken wollte. Mehrere Versuche hatte er gestartet und letztendlich doch alle wieder verworfen. Zwischen den Briefen und Notizen, die er im Unterricht gemacht hatte, war auch das Blatt mit Jacobs Geheimnis. Das Blatt, auf das Jacob mehrmals Annas Namen geschrieben hatte, bis daraus ein Stern entstanden war. Und in die Mitte hatte er ein gebrochenes Herz gezeichnet. Dieses Bild war geheim, fast wie ein Tagebuch. Und ausgerechnet Martin hat es gefunden, einfach aus dem Block herausgerissen und an der Pinnwand befestigt. Jeder in der Villa hat es gesehen, jeder, Anna natürlich auch. Aber sie hat nichts gesagt, nicht ein Wort.

Trotzdem schämt sich Jacob immer noch. Und dass Anna und Neyla in der Gartengruppe von Martin und seinen Freunden mitmachen, nervt ihn. Er fühlt sich elend, wenn er Anna mit den älteren Jungen zusammen sieht, wenn sie sich gegenseitig necken und miteinander lachen. Das alles würde er auch gerne mit ihr tun. Früher haben seine und Annas Familie oft etwas gemeinsam unternommen, früher, als seine Mutter noch da war und sein Vater mit Annas Vater im Bauamt der Kreisstadt gearbeitet hat. Damals waren er und Anna kleine Kinder und haben zusammen im Garten auf der Schaukel oder im Planschbecken gesessen.

Aber seitdem hat sich viel verändert. Seine Mutter ist mit ihrem neuen Freund nach Spanien gezogen und Annas Vater ist Bürgermeister von Marzheim geworden. Und jetzt trifft er Anna ausschließlich in der Villa oder sieht sie in der Schule auf dem Pausenhof, wenn sie mit ihren Freundinnen zusammensteht und tuschelt. So gerne würde er sie ansprechen, sich mit ihr verabreden, am See vielleicht – nur er und sie, ganz allein. Doch worüber würde er dann mit ihr reden? Alles ist leichter gesagt als getan, vor allem, wenn man ein bisschen verliebt ist. Wahrscheinlich würde er sowieso bloß wieder stottern und keinen einzigen flüssigen Satz herausbringen. So war es in den letzten Jahren immer, wenn er aufgeregt war.

Sein Freund Oscar weiß schon seit Langem von seiner Schwärmerei für Anna. „Quatsch sie doch einfach an", sagt Oscar immer. Aber das traut sich Jacob nicht. Oscar traut sich alles, Oscar spricht mit jedem und er kennt jeden. Oscar spielt Fußball, ist witzig und mutig. Und ich bin ein Feigling, denkt Jacob wütend, ein lächerlicher, stotternder Feigling. Kein Wunder, dass sich Anna für Martin und die anderen älteren Jungen interessiert. Und nun ist auch noch die Sache mit dem Block passiert. Auf dem Schulhof und im Jugendtreff haben sie gegrinst und miteinander getuschelt, sobald er hereinkam. Am liebsten würde Jacob überhaupt nicht mehr in die Villa gehen. Doch an der Ausstellung hängt sein Herz und er hofft, dass seine Kritzelei über die Ferien in Vergessenheit gerät.

4. Kapitel

Oscar sitzt am großen Tisch, das letzte leere Blatt aus Tonkarton liegt in der Mitte. Jacob holt seine Fotos aus dem Rucksack und überlegt, wie er sie am besten anordnen könnte.

„Mann, wo warst du denn? Wir haben auf dich gewartet!", schimpft Oscar.

Am liebsten würde Jacob seinem Freund sofort erzählen, dass er den Stadtanzeiger gelesen hat und dabei feststellen musste, dass sein Vater wieder Wohnungsanzeigen markiert hat. Aber dann lässt er es doch lieber sein.

„Alle anderen Plakate hängen schon aus. Nur deins fehlt noch. Aber ich hab dir einen guten Platz frei gehalten", sagt Oscar.

Jacob holt seinen Text heraus, den er bereits zu Hause geschrieben, ausgedruckt und in Streifen geschnitten hat. Zusammen mit seinem Freund klebt er die Bilder und die Textabschnitte auf das Plakat.

„Cool", sagt Oscar und klopft Jacob auf die Schulter. Jacob lächelt und betrachtet seine Fotos mit Stolz. Genau in dem Moment, als die Abendsonne die mit Graffiti besprühte Wand des Jugendtreffs in das schönste Licht getaucht hat, hat er auf den Auslöser gedrückt.

„Man muss abwarten können", hat Rike während des Fotoworkshops oft gesagt. Geduld sei der beste Freund eines guten Fotografen. Allen ist genau das ziemlich schwergefallen, aber irgendwann hat Jacob verstanden, worauf es bei einem einzigartigen Foto ankommt. Es ist ihm gelungen, diesen besonderen Moment abzupassen, und das Ergebnis kann sich sehen lassen. Die Villa macht einen fantastischen Eindruck. Zufrieden überfliegt er seinen Text, den er gut recherchiert hat. Jeder kann nun lesen, wie von der ehemaligen chemischen Reinigung nichts weiter übrig geblieben ist als ein leer stehendes Haus. Auch das hat er fotografiert, irgendwann im Winter, als alles grau und trostlos aussah. Dieses Bild hat er seiner Mutter geschickt und ihr erklärt, dass dort ein Jugendtreffpunkt entstehen würde. Auf dem nächsten Foto ist zu sehen, wie Rike zusammen mit ein paar Kindern in der ehemaligen Reinigung die Wände streicht und das verlassene Gebäude zu dem macht, was auf dem letzten Foto in der Abendsonne glänzt – ihre Villa, der Jugendtreff von Marzheim.

Oscar nimmt das Plakat und hängt es an die Pinnwand. Schmerzlich wird Jacob bewusst, dass Martin vor einer Woche fast an der gleichen Stelle sein heimliches Gekritzel über Anna angebracht hat, und einen kurzen Moment lang fragt er sich, ob ihm Oscar absichtlich genau diese Stelle frei gehalten hat.

„Komm mit, ich zeig dir mal meine Bilder", sagt Oscar, als ob er Gedanken lesen könnte und schnell für Ablenkung sorgen wollte.

Jacob ist von Oscars Bildern überrascht. Er hat Fotos vom Marzheimer Kino ausgestellt und in seinem langen Text erklärt, wie oft es früher Vorstellungen gab, wie viele Plätze vorhanden waren und welche Filme hohe Besucherzahlen verzeichnen konnten. Eigentlich hat Jacob keine Lust, den gesamten Text zu lesen, aber Oscar zuliebe tut er es doch.

„Guck mal, *Spartacus*, von 1960", sagt Oscar und tippt mit seinem Finger auf das Bild der Vorankündigung, die über dem alten Kinobild hängt. „Da sind alle reingegangen, in den Film. Heute würde sich den keiner ansehen. Schon das Kinoplakat schreckt einen total ab, oder? Das sieht doch aus wie Comedy."

Seine Fotos sind toll, aber meine Beschriftung ist besser, denkt Jacob. In der Schule haben sie im Deutschunterricht besprochen, dass Plakate nur dann einen Betrachter fesseln, wenn nicht zu viel Text vorhanden ist. Daran hat er sich erinnert und sein Blatt zu Hause schon so zerschnitten, dass er unter jedes Bild eine kurze Erklärung kleben konnte. Dass sein Plakat das einzige ist, das in dieser Art gestaltet ist, freut ihn sehr. Irgendwann werde ich ein guter Journalist sein und das hier ist der erste Schritt, denkt er. Irgendwann werde ich berühmt sein und reich und Papa wird stolz auf mich sein. Dann wird meine Mutter ihren neuen Freunden begeistert von mir erzählen und sie wird mich allen vorstellen, wenn ich sie in Spanien besuche. Jeden Monat kann ich mir ein Flugticket kaufen, wenn ich will.

Während er gedankenversunken aus dem Fenster schaut und von seiner erfolgreichen Zukunft träumt, sieht er, wie sich Martin nähert. Eilig räumt Jacob seine Sachen zusammen, um schnell nach Hause zu fahren. Zu früh, um Anna noch sehen zu können.

5. Kapitel

Zwei Tage später herrscht in der Villa großer Andrang. Tatsächlich ist Rikes Bruder mit vielen Bewohnern des Seniorenheims gekommen. Die Leute drängeln sich neugierig um die Fotos. Hier und da wird gelacht, weil manch einer meint, einen anderen auf den Bildern von damals zu erkennen.

„Schau mal hier!", ruft ein älterer Herr, der einen Rollator vor sich herschiebt. „Die Frau mit der weißen Badekappe, das bist doch du, Erika."

Die angesprochene weißhaarige Dame läuft schnell zu Neylas Bild und kramt ihre Brille aus der Tasche. Ganz genau betrachtet sie das Foto, ist sich aber nicht sicher, ob wirklich sie es ist, die dort abgelichtet ist.

Kanzi steht neben seinem Plakat und hält jeden fest, der daran vorübergeht. „Schauen Sie mal hier", spricht er die Besitzerin des Friseursalons an. „Das war unsere Grundschule früher … und so sieht sie heute aus."

Die Frau schaut von einem Bild zum anderen. Offensichtlich sucht sie nach Unterschieden.

„Sehen Sie, hier oben auf dem Bild. Da ist die Schule frisch gestrichen und zwischen den Sträuchern am Zaun ist alles sauber. Und jetzt schauen Sie sich das neue Bild an. Erkennen Sie den Unterschied?" Kanzi starrt sie mit weit aufgerissenen Augen an und wartet gespannt.

Die Frau schüttelt den Kopf und sagt: „Ich sehe, dass da was an die Wand geschmiert wurde und dass ein leeres Trinkpäckchen im Gebüsch liegt, mehr nicht."

„Genau das meine ich", sagt Kanzi und klopft der Frau anerkennend auf die Schulter. „Bei den anderen Plakaten werden Sie den Unterschied sofort bemerken, aber bei mir, da müssen Sie wirklich gut hinschauen. Das Trinkpäckchen ist nicht auf Anhieb zu sehen. Es liegt ganz am Rand. In der Mitte würde es ja jeder gleich entdecken. Oder die Schmiererei. Ich kann Ihnen sagen, da gibt es Stellen in unserer Schule, wo viel mehr an die Wände gekritzelt wurde. Aber ich habe für mein Foto die Wand ausgesucht, an der es einem nicht sofort auffällt, es ist ja nur recht klein. Verstehen Sie, was ich meine?", fragt er und dreht sich zu der Dame um. Erstaunt stellt Kanzi fest, dass sie seinem Vortrag scheinbar schon eine geraume Zeit nicht mehr gelauscht hat, denn sie steht ungefähr sechs Meter entfernt und betrachtet interessiert die Fotos eines anderen Kindes.

„Hast du Rike gesehen?", fragt Neyla ihren kleinen Bruder.

„Wieso?"

„Da ist ein Typ von der Presse", antwortet Neyla und deutet mit dem Kopf in die Menge.

„Echt?", ruft Kanzi aufgeregt. „Kommen wir jetzt in die Zeitung?"

Tatsächlich erblickt er in dem Gewühl einen sehr großen Mann mit einer sehr großen Kamera, der von den Gästen und den Plakaten Fotos schießt. Dann kommt er langsam auf Neyla zu und fragt sie: „Kennst du einen MC Kan?"

Neyla nickt und Kanzi rutscht das Herz in die Hose. „Das ist mein Bruder. Kanzi. Der Kleine hier. MC Kan nennt er sich bei Facebook, findet er cool."

Der Reporter lächelt Kanzi an und streckt ihm seine Hand entgegen. „Schön, dich kennenzulernen. Ich bin Daniel, arbeite bei der Lokalzeitung. Sag mal, was hast du denn da für ein Foto gepostet?"

Kanzi schaut unsicher zwischen seiner Schwester und dem Mann hin und her. Krampfhaft überlegt er, wovon der Zeitungsmensch sprechen könnte. Gar nichts habe ich gepostet, möchte er am liebsten antworten und dann so schnell wie möglich verschwinden. Aber er kann gerade weder etwas sagen noch sich bewegen. Was hat er bei

Facebook geteilt und mit wem? Mit diesem Mann sicher gar nichts, den kennt er ja überhaupt nicht.

„Das Foto von der Wäscherei. Du hast doch das Bild geteilt, das von früher."

„Ach so", sagt Kanzi erleichtert. „Das hat ein Freund von mir ins Internet gestellt."

„Den würde ich gerne mal kennenlernen. Das Foto ist ziemlich …"

„Krass, oder?", fragt Kanzi gespannt.

„Krass", wiederholt der Reporter.

„Wieso haben Sie das Bild denn gesehen?"

„Jana hat es mir gezeigt. Sie ist meine Nichte und ihr beide seid doch Freunde bei Facebook", antwortet er.

Kanzi nickt zwar, hat aber keinerlei Ahnung, wer diese Jana sein könnte.

„Von wem ist das Bild?"

„Ich glaube von Löwenherz", antwortet Kanzi. Er holt sein Handy aus der Hosentasche und ruft Facebook auf. Dann hält er es dem Reporter hin und sagt: „Hier, sehen Sie, Löwenherz, wie ich gesagt habe."

„Ja, ja, ich weiß, aber wer ist das, dieser Löwenherz?", fragt der Reporter und schaut auf die geöffnete Seite mit einem Löwenkopf als Profilbild.

Kanzi zuckt mit den Schultern.

6. Kapitel

Um Kanzi und den Reporter hat sich eine Traube von Kindern gebildet. Jacob hat gerade von seinem Brötchen abgebissen, als Kanzi ihn aufgeregt zu sich heranwinkt. Ein Mann mit einer Kamera streckt ihm die Hand entgegen und stellt sich vor.

„Der Mann will wissen, wer Löwenherz ist. Du bist doch auch mit ihm bei Facebook befreundet", sagt Kanzi zu Jacob und hält ihm zur Erinnerung das geöffnete Facebook-Profil auf seinem Handy entgegen.

Jacob schaut auf das Profil, antwortet aber nicht.

„Ich hab dir geschrieben, bei WhatsApp", versucht Kanzi ihm zu erklären. „Wegen dem Foto und wegen dem Zeichen auf dem Fass. Das hast du noch gar nicht gesehen, stimmt's? Aber ich hab's gesehen. Auf dem Fass, auf das sich der Mann stützt, schau mal, was da für ein Zeichen drauf ist. Ein Totenkopf. Und weißt du, was das bedeutet? In dem Fass ist irgendwas, das richtig giftig ist." Weil Jacob immer noch nicht reagiert, wendet sich Kanzi dem Reporter zu. „Und die Grube daneben … sehen Sie die? Die haben da ein Loch gebuddelt … für das Fass, oder? Das ist Umweltverschmutzung, stimmt's?"

„Sieht ganz danach aus", antwortet der Reporter.

„Und ich hab es entdeckt", sagt Kanzi stolz und drückt seinen Oberkörper nach vorne.

Daniel streichelt ihm kurz über den lockigen Kopf und sagt: „Na ja, eigentlich scheint es Löwenherz entdeckt zu haben."

„Ja", entgegnet Kanzi. „Das schon, aber niemand hat sofort gesehen, was da los ist. Ich war der Erste." Dann wendet er sich an Jacob: „Du hattest doch auch so ein ähnliches Bild, Jacob. Warum hast du das nicht ausgestellt?"

„Ich weiß nicht, was du meinst", sagt Jacob und sein Ton verrät, dass es ihm am liebsten wäre, wenn der kleine Lockenkopf verschwinden würde.

„Das Bild aus deinem Block", erklärt Kanzi.

„Was hast du denn mit meinem Block zu tun?", fragt Jacob wütend.

„Der … der … der lag hier rum", stottert Kanzi erschrocken.

Jacob gibt ihm einen Schubs gegen die Schulter und schaut ihn böse an. Überall muss dieser Kanzi seine Nase reinstecken!

„He, he!", ruft Daniel und legt seine Hand beschwichtigend auf Jacobs Arm. „Zeig mir doch mal dein Plakat", fordert er Jacob freundlich auf.

Während sich der Reporter Jacobs Bilder ansieht, fragt er: „Was hat der Kleine denn vorhin gemeint?"

„Ach, ich hab bei meinem Opa ein paar alte Fotos in einer Schachtel gefunden. Ich wollte nicht, dass die wegkommen, als wir die Wohnung von meinem Opa leer räumen mussten. Ich wusste ja, dass wir Bilder von früher für die Ausstellung hier brauchen. Ich hab die Fotos gescannt. Sie sind jetzt auf meinem Computer."

„Und Bilder von der Wäscherei sind auch dabei?", fragt Daniel.

Jacob sagt: „Es sind verschiedene Bilder, Gebäude von früher. Die Wäscherei ist dabei und noch einige andere Häuser. Die alte Post zum Beispiel und der Marktplatz … nichts Besonderes."

„Aber das Bild, das Kanzi in deinem Block gesehen hat, das wolltest du eigentlich ausstellen?", bohrt Daniel weiter.

„Erst ja", antwortet Jacob. „Doch dann hat es irgendwie nicht zu meinen anderen Fotos gepasst. Das von meinem Opa hatte nicht so schöne Farben. Ich hab mich dann umentschieden."

„Verstehe", sagt Daniel nachdenklich und nickt. Der Reporter hält seine Kamera mal ganz dicht an Jacobs

Plakat, mal weiter weg und schießt einige Fotos. „Kann ich dich auch fotografieren?", fragt er.

Jacob nickt.

„Ich mache ein Volontariat bei der Lokalzeitung, ich will Journalist werden", erklärt Daniel.

„Wie ich", sagt Jacob.

„Ich werde einen Artikel über eure Ausstellung schreiben. Und auf jeden Fall auch einen über das Bild bei Facebook. Das könnte einen großen Aufschrei in Marzheim geben, wenn die wirklich …" Daniel spricht nicht weiter. Er schiebt Jacob neben sein Plakat. Dann soll Jacob in die Kamera schauen und lächeln.

7. Kapitel

Rike hat ihren Computer im Büro gestartet. Sie sitzt auf ihrem Schreibtischstuhl und schimpft leise vor sich hin. „Als hätten wir nicht schon genug Trubel hier. Jetzt schauen wir so ganz nebenbei auch noch bei Facebook vorbei."

„Nur kurz", verspricht Daniel.

„Du kannst auch wieder zu den Gästen gehen. Wir können das allein machen", schlägt Kanzi vor, aber Rike reagiert nicht darauf.

„Dein Passwort?", fragt sie genervt.

„Mister Coolman", antwortet Kanzi.

Nach wenigen Klicks hat Rike seinen Account geöffnet und geht auf seine Liste der Freunde. Vorwurfsvoll schaut sie ihn von der Seite an. „Hab ich euch nicht schon hundertmal gesagt, dass ihr eure Freundesliste sperren sollt? Deine Liste ist natürlich immer noch öffentlich. Jeder kann sie sehen."

Kanzi schnauft und tritt von einem Bein auf das andere. „Über sechshundert Freunde hab ich", sagt er stolz zu dem Reporter.

„Toll", kommentiert Rike seine Anmerkung in einem Ton, der verrät, dass sie nicht wirklich begeistert davon ist. „Facebook ist nichts für Kinder", sagt sie, während sie *Löwenherz* in die Suchleiste tippt.

Gespannt stehen Kanzi, Jacob, Daniel und Neyla um den Schreibtisch der Sozialarbeiterin herum und starren auf den Bildschirm. Dann öffnet Rike das Profil von Löwenherz. Es erscheint wieder der große Löwenkopf. Rike klickt sich durch die Seiten, wird aber nicht fündig. „Löwenherz ist schlauer als du", sagt sie zu Kanzi. „Er hat alles gesperrt. Wir kommen nicht an seine Freundesliste, er hat keinerlei weitere Informationen freigegeben. Nur dieses Bild." Verstimmt schließt Rike alle Fenster und fährt den Computer herunter. „Du musst doch wissen, wer dir da eine Freundschaftsanfrage geschickt hat."

Kanzi schaut betreten nach unten und scharrt mit seinem Schuh auf dem Boden herum. „Jacob und Tobi sind gemeinsame Freunde, stand da. Deshalb hab ich ihn angenommen."

„Du nimmst Anfragen von Leuten an, die du gar nicht kennst? Nur weil sie mit Jacob und Tobi befreundet sind? Spinnst du?", schaltet sich Neyla ein.

„Wieso? Das hat Jacob doch auch gemacht", verteidigt sich Kanzi.

Jacob würde am liebsten sofort widersprechen, aber ihm fällt nichts Kluges ein, was er darauf antworten könnte.

„Schlimm genug", sagt Rike und wirft Jacob einen vorwurfsvollen Blick zu.

„Hauptsache, du hast die meisten Freunde, stimmt's, Kanzi? Ganz egal, wer das ist. Über sechshundert? Toll! Und wie viele kennst du davon? Wahrscheinlich nicht mal die Hälfte, oder? Mama wird total sauer sein, wenn sie das erfährt. Mir hat dieser Löwenherz auch eine Freundschaftsanfrage geschickt. Ich hab sie aber nicht angenommen."

Kanzi antwortet seiner älteren Schwester nicht. Warum schimpft denn eigentlich niemand mit Jacob? Warum bekommt er, Kanzi, den ganzen Ärger ab? Natürlich ist es wichtig, dass man möglichst viele Freunde in seiner Liste hat. Und ja, er hat aus seiner Klasse die meisten. Zwar darf sich nicht jeder seiner Mitschüler ein Profil bei Facebook anlegen, aber diejenigen, die eins haben, übertrifft Kanzi freundschaftsmäßig alle.

„Und ihr habt echt keine Ahnung, wer Löwenherz ist?", fragt Daniel leise die Jungen, als sie das Büro wieder verlassen haben. Natürlich kann er die Wut der Sozialarbeiterin über den sorglosen Umgang mit Facebook verstehen, aber für ihn sind andere Fragen im Moment viel wichtiger. „Und eine Idee, wer dahinterstecken könnte, habt ihr auch nicht?"

Die beiden schütteln den Kopf. Daniel beißt sich auf die Unterlippe. Wenn ich nicht herausfinde, wer dieses Bild ins Internet gestellt hat, ist meine Story nur die Hälfte wert, denkt er verärgert.

„Aber du hast das Foto nicht geteilt, das Löwenherz gepostet hat?", fragt er Jacob.

Jacob schüttelt den Kopf.

„Obwohl da extra stand: *Bitte teilen*. Aber Jacob hat ja gar nicht gesehen, dass da ein Totenkopf drauf ist, stimmt's?", mischt sich Kanzi ein und feixt. „Ich hab es sofort bemerkt und deshalb hab ich es auch geteilt."

„Die Fotos, die du bei deinem Opa gefunden hast", wendet sich Daniel wieder an Jacob, „kannst du mir die vielleicht mal per Mail schicken? Ich würde sie mir gerne genauer anschauen."

„Alle?", fragt Jacob erstaunt.

„Na ja, alle, die etwas mit der chemischen Reinigung zu tun haben."

Jacob nickt etwas zögerlich.

Daniel kramt eine Visitenkarte aus seinem Portemonnaie und drückt sie Jacob in die Hand. „So bald wie möglich", sagt er. „Du weißt ja: Wir Reporter müssen schnell sein, sonst schnappen uns andere die besten Storys weg." Dann zwinkert er Jacob verschwörerisch zu und geht.

8. Kapitel

Oscar kommt völlig außer Atem die Treppe zu Jacobs Zimmer hochgerannt, gefolgt von Jacobs Vater Thomas Hellmann. Dabei wedelt er mit einer Zeitung herum und ruft: „Hast du das gesehen? Du bist berühmt!"

Jacob springt von seinem Sofa auf und starrt auf die Seite, die Oscar ihm auf den Tisch gelegt hat. Tatsächlich – sein Plakat ist in der Zeitung abgedruckt! Darunter befindet sich sogar ein kleines Foto von Jacob und die Bildunterschrift erklärt kurz, wer er ist und wie die Bilder entstanden sind, die auf seinem Plakat kleben. Daneben ist das Foto von Facebook zu sehen. *Umweltskandal?* steht da in großen Buchstaben. Jacob überfliegt die Zeilen des Artikels, den Daniel dazu verfasst hat. Er schreibt einiges über Chemikalien und wie sie früher entsorgt wurden, über deren Gefahr und die Belastung für die Umwelt, sollten die giftigen Stoffe in den Boden gelangen und eventuell sogar das Grundwasser verseuchen.

Jacob freut sich ein bisschen, dass sich sein Vater zu ihm und Oscar setzt und den Beitrag genau liest. Immer wieder sagt Thomas Hellmann leise zu sich selbst: „Das ist ja ein Ding … ein starkes Ding …"

Er sieht aus dem Fenster, scheint einen Moment lang nachzudenken und liest dann den Artikel erneut, als könnte er es nicht glauben. Schließlich legt er die Zeitung auf den Tisch und schaut seinen Sohn an. Jacob ist verunsichert, er kann den Blick seines Vaters nicht deuten.

Langsam und völlig in Gedanken steht Thomas Hellmann auf. Er streichelt Jacob über den Kopf, hält dessen Kinn lächelnd in der Hand und schüttelt es leicht. Als er Jacobs Zimmer verlässt, sieht er glücklich aus.

Er ist stolz auf mich, denkt Jacob, endlich ist er auch mal stolz auf mich. Er kann es nicht mehr hören, wenn sein Vater immer nur davon schwärmt, wie klug seine Schwester doch sei. Die würde schließlich Medizin studieren und er, Jacob, hätte wieder nur mit Ach und Krach die Versetzung geschafft.

Ich muss eine Zeitung nach Spanien schicken, denkt Jacob. Natürlich könnte er seiner Mutter auch davon erzählen, aber sie telefonieren kaum noch miteinander. Und es ist auch etwas anderes, die Zeitung mit den Fotos selbst in den Händen zu halten.

„Ich hole dich nach", hat sie ihm damals versprochen, kurz bevor das Taxi neben ihr hielt, um sie zum Flughafen zu bringen. Sie wollte sich zunächst ihr eigenes Leben in Spanien aufbauen. Von einer kleinen Eisdiele träumte sie oder von einer Boutique am Strand. Das ist nun schon vier Jahre her. Am Anfang haben sie regelmäßig telefoniert, dann immer seltener. Im vergangenen Jahr hat sie ihn zum Geburtstag angerufen, zu Weihnachten und irgendwann dazwischen. Beim letzten Telefonat hat er nicht mehr gefragt, wann er denn nachkommen könne, denn er kannte die Antwort bereits.

„Du musst erst die Schule in Deutschland beenden. Ein Schulabschluss ist wichtig, für dein ganzes Leben. Und du kannst kein Spanisch. Wenn du hier zur Schule gehen müsstest, würdest du ja erst mal kein einziges Wort verstehen."

Das klang logisch. In der vierten Klasse hatte er deshalb angefangen, Spanisch zu lernen. Im Internet gab es Kurse, auch für Kinder. Aber als er irgendwann das Gefühl bekam, dass seiner Mutter auch das nicht reichen würde, um ihn endlich nachzuholen, hat er das Vokabeltraining aufgegeben.

„Kann ich den behalten?", fragt Jacob und klopft auf den Stadtanzeiger.

Oscar nickt und fragt: „Bekommt ihr denn keinen?"

„Doch", antwortet Jacob. „Aber ich brauche zwei."

Als die beiden Jungen auf ihrem Weg nach draußen an der Küche vorbeigehen, hört Jacob, dass sein Vater telefoniert und dass sein Name fällt. Ganz langsam zieht er seine Schuhe an, um etwas von dem Gespräch mitzubekommen. Wahrscheinlich redet er mit Lisa, denkt Jacob. Er hofft, dass sein Vater ihr von dem Foto ihres kleinen Bruders erzählt, das in der Zeitung abgebildet ist. Zwar kann Jacob nicht viel verstehen, aber er hört, dass die Stimme seines Vaters fröhlicher klingt als sonst. Kurz bevor er mit Oscar das Haus verlässt, erhascht er dann doch noch einen Satz, den sein Vater ins Telefon spricht und den er schon lange Zeit nicht mehr von ihm gehört hat: „Ja, vielleicht wird alles gut."

9. Kapitel

Anna und Neyla hocken zwischen den Beeten und zupfen das Unkraut heraus. Neben ihnen steht ein kleiner Korb mit Radieschen und Kohlrabi. Kanzi liegt im Schatten auf einer Bank und bohrt mit einem Stöckchen Löcher in den Boden.

„Du könntest uns helfen!", ruft Neyla zu ihm herüber.

„Ich hab keine Zeit", antwortet Kanzi, ohne aufzusehen.

Neyla steckt sich wieder ihre Kopfhörer in die Ohren, schüttelt den Kopf und arbeitet weiter. Die Stimmung ist gedämpft. Wie meistens, wenn sie sich um die Beete kümmern, haben beide Mädchen laute Musik an. Aber an diesem Morgen will keine gute Laune aufkommen. Martin und die anderen Jungen, die das neue Stück Garten umgraben wollten, sind nicht erschienen. Die Sonne brennt vom Himmel und Anna und Neyla wären viel lieber im Schwimmbad oder am See. Als Fahrradbremsen neben ihnen quietschen, schauen sie nicht auf. Sie hören die beiden Jungen nicht kommen. Erst als ihr jemand auf die Schulter tippt, schreckt Neyla hoch und nimmt die Kopfhörer aus den Ohren. Dann sieht auch Anna, dass Jacob und Oscar neben ihnen im Garten stehen.

„Was macht ihr hier?", fragt Neyla. „Wollt ihr uns helfen?"

Die beiden Jungen schauen sich suchend um. Sie haben auf dem Weg zum See nur angehalten, weil sie keine

anderen Fahrräder bei der Villa gesehen haben, außer denen von Neyla und Anna. „Wo ist denn der Rest der Gartengruppe?", erkundigt sich Oscar.

„Was glaubst du, was hier los ist?", erwidert Neyla. „Bei Rike im Büro klingelt ununterbrochen das Telefon. Martins Mutter hat schon angerufen und andere Mütter auch."

Oscar schaut verwirrt von Neyla zu Anna, die jetzt am Wasserhahn steht und das geerntete Gemüse abspült. Kanzi hat seinen geschützten Platz im Schatten verlassen und sich zu den vier Jugendlichen gesellt.

„Verstehe ich nicht. Was ist denn passiert?", fragt Oscar.

„Na, wegen dem Foto in der Zeitung und bei Facebook", antwortet Neyla. „Das von eurem Freund Löwenherz", fügt sie ein wenig spöttisch hinzu und schaut Jacob kurz an.

„Martin darf nicht mehr kommen. Seine Mutter meint, dass das Gelände rund um die Villa verseucht sein könnte. Sie will nicht, dass er sich hier aufhält. Und die anderen haben auch abgesagt", erklärt Anna.

„Ich hab schon überall gebohrt, hier sind keine Fässer", sagt Kanzi und beißt in ein Radieschen. „Vielleicht hat die längst jemand rausgeholt."

„Wir sollen hier nichts mehr anbauen, meint Martins Mutter. Und unser ganzes Gemüse sollen wir wegschmeißen und auf gar keinen Fall essen, weil wir sonst ernsthaft krank werden könnten", sagt Anna.

Kanzi hört auf zu kauen. Er schaut auf das Radieschen, das er noch in der Hand hält, und steckt es langsam in seine Hosentasche.

„Alles Unsinn", meint Oscar. „Die wissen doch gar nicht, was in den Fässern war. Und der Boden wäre sowieso nur dann verseucht, wenn die Fässer kaputtgegangen sind, oder?"

Rike kommt aus dem Haus gelaufen. Sie sieht gestresst und verärgert aus. „Kein einziges Telefonat nehme ich heute mehr an", sagt sie wütend. „Die Leute reden mit mir, als wenn ich die Fässer vergraben hätte. Martins Mutter hat ein riesiges Theater veranstaltet."

Jacob scharrt mit seinem Schuh ein Muster in den Sandboden. Super, dass Martin nicht mehr kommen darf, denkt er zufrieden.

„Es ist aber gut, dass das Foto aufgetaucht ist", sagt Rike. „Wer weiß, was sich hier unter uns so alles verbirgt. Ich werde einfach mal mit Leuten von der Stadtverwaltung sprechen. Sie sollen Bodenproben nehmen, dann wissen wir Bescheid."

„Das kann ewig dauern, oder?", fragt Neyla.

„Keine Ahnung", antwortet Rike.

„Und was unternehmen wir bis dahin?", will Neyla wissen.

Rike zuckt mit den Schultern.

„Wir machen weiter wie immer", sagt Anna. „Solange wir nicht wissen, ob das wirklich so gefährlich ist, tun wir einfach alles wie bisher."

Die anderen nicken.

„Mal sehen, ob sie uns lassen", sagt Rike nachdenklich.

10. Kapitel

Daniel sitzt am großen Tisch und trommelt nervös auf der Platte herum. Er will unbedingt mehr erfahren, er *muss* mehr erfahren. Die Geschichte lässt ihm keine Ruhe. In der Redaktion des Stadtanzeigers hat man seine Story sehr gelobt und sie nach ein paar kleinen Änderungen ganz vorne in die aktuelle Ausgabe aufgenommen. Daniel könnte eigentlich zufrieden sein, aber in seinem Kopf gibt es noch zu viele unbeantwortete Fragen. Wie verabredet hat ihm Jacob die Fotos seines verstorbenen Großvaters am selben Abend per Mail geschickt. Daniel hat sich die beiden Bilder von der alten Wäscherei immer wieder genau angesehen und mit dem von Löwenherz verglichen. Dass an dieser ganzen Sache etwas faul ist, liegt für ihn auf der Hand.

„Schau mal, Rike", sagt er und schiebt die Bilder zu der Sozialarbeiterin.

Sie betrachtet die Fotos, zuckt mit den Schultern und sieht Daniel fragend an.

„Das kann doch kein Zufall sein. Die drei Bilder sind sich ähnlich. Ich bin mir sicher, dass sie am selben Tag oder wenigstens in derselben Woche entstanden sind. Ein Foto ohne Personen, das nächste mit zwei Personen. Diese beiden Bilder hab ich von Jacob bekommen. Und jetzt schau dir mal das dritte Bild an, das von Löwenherz:

drei Personen und die Fässer." Daniel sortiert die Bilder in der Reihenfolge, in der er ihre Entstehung vermutet. „Ich stelle mir das so vor: Der Fotograf schießt ein Bild, ohne Menschen. Dann kommen zwei aus dem Gebäude und er macht das nächste Bild. Ein dritter Mann stellt sich dazu, das nächste Foto entsteht."

„Und zwischendurch haben sie noch schnell Löcher gegraben und Fässer aus dem Haus gerollt?", fragt Rike zweifelnd.

„Eben", sagt Daniel. „Das ist es ja, was ich nicht zusammenbekomme. Das kann gar nicht sein." Er rauft sich die Haare, bis sie in alle Richtungen vom Kopf abstehen.

Rike möchte am liebsten laut loslachen, aber Daniel wirkt so verzweifelt, dass sie sich zurückhält. Er will unbedingt eine gute Story, denkt sie, eine, mit der er ganz groß rauskommt. Vor der Tür wird es laut, doch der Reporter kann seinen Blick nicht von den Bildern wenden. Erst als die Kinder bereits in der Villa sind, blickt Daniel auf und strahlt sie erleichtert an. „Ach", ruft er geradezu euphorisch, „wie gut, dass ihr da seid!"

Jacob, Kanzi, Neyla und Oscar setzen sich mit um den Tisch und betrachten die drei Bilder, die Daniel in der Mitte sortiert hat.

„Ihr müsst uns helfen, sonst werde ich noch wahnsinnig. Also, diese beiden Bilder hat Jacob bei seinem Opa gefunden", sagt Daniel und tippt auf die Fotos. „Das dritte Bild, das von Löwenherz, war aber nicht in der Sammlung seines Opas. Und das verstehe ich irgendwie nicht. Sie sind so ähnlich, schaut euch mal die Umgebung an – die Bäume, die Sträucher, alles gleich. Ich könnte wetten, dass die drei Fotos in einem kurzen Zeitraum nacheinander entstanden sind, vielleicht sogar am selben Tag. Warum hatte dein Opa nur zwei davon?"

Jacob zuckt mit den Schultern. Die erwartungsvollen Blicke von Daniel und den anderen sind ihm unangenehm.

„Das von Löwenherz hat aber eine völlig andere Farbe", wirft Kanzi ein und schaut triumphierend in die Runde. „Die hier sind schwarz-weiß und das von Löwenherz ist braungelb."

„Das könnte mit Sepia verändert worden sein, geht ganz einfach", sagt Oscar.

Kanzi nickt wissend, obwohl er keine Ahnung hat, wovon Oscar spricht.

Rike sagt nachdenklich: „Oder es hing irgendwo an der Wand. Dann verfärben sich die Fotos auch so."

„Hatte dein Opa denn irgendetwas mit der Wäscherei zu tun? Warum hatte er die beiden anderen Bilder?", bohrt Daniel nach.

Wieder starren alle zu Jacob. Er fühlt sich unwohl und würde dieses Gespräch am liebsten sofort mit den Worten beenden, dass er das auch nicht weiß. Aber er kann nichts sagen. Er ist so aufgeregt, dass ihm nur ein paar gestotterte Worte über die Lippen kommen würden. Und das möchte er auf jeden Fall vermeiden.

„Fassen wir mal kurz zusammen", sagt Daniel. „Irgendjemand stellt dieses Foto, das meiner Ansicht nach zu einer Serie gehört, anonym ins Internet. Warum macht er das und woher hat er das Bild?"

„Wir wissen doch gar nicht, wer alles Abzüge davon hat", gibt Rike zu bedenken. „Wer weiß, wie viele Leute Fotos von der Wäscherei haben. Vielleicht besaß Jacobs

Opa noch mehr Bilder und hat die anderen einfach weg-geworfen."

Daniel nickt nachdenklich, aber man sieht ihm an, dass er mit Rikes Erklärung nicht zufrieden ist. Kopf-schüttelnd steht er auf, räumt die Fotos zurück in seine Tasche und murmelt: „Irgendetwas stimmt daran nicht. Und wir kriegen auch noch raus, was das ist."

11. Kapitel

Als Peter Frisch in sein Büro kommt, wartet seine Sekretärin bereits sehnsüchtig auf ihn. Das Telefon klingelt ununterbrochen. Mehrere besorgte Mütter haben sie an diesem Morgen angerufen und sie mit Fragen gelöchert, die sie nicht beantworten konnte.

„So geht das schon seit einer Stunde", sagt sie genervt und deutet mit dem Kopf auf das klingelnde Telefon auf ihrem Tisch. Sie atmet tief ein, um sich zu beruhigen und den Anrufer mit einem freundlichen: „Guten Morgen, hier das Büro des Bürgermeisters. Was kann ich für Sie tun?", zu begrüßen. Sie lauscht einen Moment, sagt: „Ich verbinde Sie", und stellt den Anruf zum Apparat ihres Vorgesetzten durch.

Peter Frisch nimmt ab und hört der aufgeregten Anruferin geduldig zu. Dann sagt er freundlich, doch bestimmt: „Ich verstehe natürlich Ihre Sorge, aber glauben Sie mir, wir können Ihnen hier keinerlei Auskunft geben. Wir wissen es auch nicht ... Ja, ich erinnere mich an die Magen-Darm-Infektionen vom letzten Jahr, ich war schließlich selbst betroffen ... Nein, ich kann mir nicht vorstellen, dass das etwas mit verseuchtem Grundwasser zu tun hat ... Ich glaube nicht, dass wir uns hier in Marzheim in Gefahr befinden. Unser Grundwasser hat eine gute Qualität, es wird ständig überprüft." Er rollt mit den Augen und versucht, sich während des Telefonats sein Jackett auszuziehen. „Hören Sie", sagt er, immer noch um einen freundlichen Ton bemüht. „Ich trinke das Wasser aus der Leitung auch. Glauben Sie wirklich, dass ich das tun würde, wenn es eine Gefahr gäbe?"

Die Sekretärin greift nach dem Jackett und hängt es auf einem Bügel in den Schrank, während der Bürgermeister den Hörer in der Hand hält und im Büro auf und ab läuft.

„Natürlich werden wir uns um das Gelände kümmern, darauf können Sie sich verlassen … ja … selbstverständlich … Ihnen auch einen schönen Tag", sagt er schließlich und legt auf.

Erleichtert setzt er sich an seinen Schreibtisch. Er schaltet den Computer an und öffnet seine E-Mails. Unzählige löscht er sofort, andere liest er aufmerksam. Zwischen den Nachrichten findet er die Anfrage einer überregionalen Zeitung. Die Redaktion wünscht ein Interview mit ihm, in dem er sich zu dem Enthüllungsfoto äußern soll. Peter Frisch atmet tief ein und stößt dann einen Seufzer aus. Diese Reporter, denkt er, kaum kommt das Sommerloch, stürzen sie sich auf alles, was halbwegs skandalös sein könnte. Aber wenn er sich nicht für ein Interview zur Verfügung stellt, vermuten die Zeitungsleute wahrscheinlich, er habe etwas zu verbergen. Negative Schlagzeilen sind das Letzte, was er gebrauchen kann. Nun ist schnelles Handeln angesagt und zwar möglichst, bevor er auf die Reporter trifft.

Er schaut sich das Bild im Stadtanzeiger genau an und liest den Text. Er muss zugeben, dass der Beitrag interessant und offensichtlich gut recherchiert ist.

Die alte Wäscherei, denkt er und verliert sich für einen Moment in Kindheitserinnerungen. Damals, als er mit seinen Freunden in Marzheim unterwegs war – welchen Unsinn sie angestellt haben. Im Gestrüpp haben sie sich versteckt und die Arbeiter aus der Wäscherei mit Stöckchen beworfen, wenn diese draußen ihre Pause machten. Oft wurden sie erwischt und jedes Mal rannten ihnen die Arbeiter so lange hinterher, bis sie sich laut lachend auf ihre Räder schwangen und davonbrausten.

Das ist Jahre her und die meisten seiner ehemaligen Freunde haben Marzheim verlassen, sind in größere Städte gezogen, in denen mehr los ist, in denen sie schneller Arbeit finden konnten. Er ist geblieben, er und auch sein Freund Thomas, Jacobs Vater. Vielleicht hätte der auch besser gehen sollen, denkt Peter Frisch. Für ihn selbst ist es gut gelaufen. Natürlich hat er viel dafür tun müssen, bis er endlich zum Bürgermeister von Marzheim gewählt worden ist. Aber die Mühe hat sich gelohnt und er ist zufrieden mit dem Leben, das er mit seiner Frau und mit seiner Tochter Anna führen kann.

Thomas Hellmann hingegen hat weniger Glück gehabt. Erst hat ihn die Frau verlassen und dann lief das Baugeschäft auch noch schlecht. Es gab kaum Aufträge für den Straßenbaumeister und es ist womöglich nur eine Frage der Zeit, bis er sein Haus verkaufen und sich mit Jacob eine kleine Wohnung suchen muss.

Peter Frisch schlägt seinen Kugelschreiber rhythmisch auf die Schreibtischkante und lächelt. Die Entwicklung spielt ihm mehr in die Karten, als er es zunächst vermutet hat. Er muss die Sache nur geschickt angehen und für seinen Vorteil nutzen, denkt er zufrieden. Wenn sich die

Marzheimer Eltern darum sorgen, dass sich ihre Kinder auf einem verseuchten Gelände aufhalten, dann kann er den Bereich problemlos schließen. Niemand wird sich beschweren.

Noch vor kurzer Zeit wäre das undenkbar gewesen. Natürlich hat er schon darüber nachgedacht, dass es am einfachsten wäre, wenn die neue Zufahrtsstraße zum geplanten Gewerbegebiet direkt über das Gelände der ehemaligen Wäscherei gehen könnte – die kostengünstigste Variante. Sein gesamtes Projekt hängt von den Verkehrswegen ab und droht genau daran zu scheitern. Nun regt sich bestimmt niemand mehr darüber auf, wenn man den Kindern ihre geliebte Villa nimmt. Es wird sich schon ein anderer Treffpunkt irgendwo in der Stadt finden lassen. Aber das ist jetzt nicht sein wichtigstes Anliegen.

Zufrieden nickt er und holt die Baupläne aus der Schublade. Der vermeintliche Umweltskandal von Marzheim ist das Beste, was ihm für sein Bauvorhaben passieren konnte.

Dann bittet er seine Sekretärin in sein Büro und diktiert ihr einen Brief.

12. Kapitel

„Das ist gemein!", schimpft Anna und wird dabei lauter, als sie es eigentlich wollte. „Das ist so gemein von dir!", wiederholt sie verzweifelt und schüttelt den Kopf. Nervös trommelt sie mit ihren Fingern auf der Tischplatte herum und wirft ihrem Vater böse Blicke zu.

„Hör zu, Anna", sagt Peter Frisch, darum bemüht, möglichst ruhig zu bleiben. „Mir gefällt das auch alles nicht. Ich kann aber nichts dafür, dass es für euch nicht mehr sicher ist auf dem Gelände."

„Natürlich gefällt dir das", entgegnet Anna. „Endlich kannst du deine Straße und dein Gewerbegebiet bauen lassen. Dabei wisst ihr gar nicht, ob das Foto nicht vielleicht ein Fake ist."

„Jetzt hör aber auf, Anna", schaltet sich ihre Mutter ein.

„Nein, ich hör nicht auf. Vielleicht hat jemand das Foto manipuliert."

„Und wer sollte ein Interesse daran haben, so ein Foto zu verbreiten?"

„Keine Ahnung", sagt Anna und schaut ihren Vater durchdringend an. *Du*, würde sie am liebsten sagen, doch sie hält sich zurück. „Von diesem Löwenherz weiß niemand etwas. Keiner kennt seine Identität, aber alle glauben das, was er postet."

„Lasst uns jetzt nicht streiten", bittet Annas Mutter.

„Du musst uns helfen", sagt Anna an ihren Vater gewandt. „Was soll denn aus uns werden? Aus der Villa, aus unseren Projekten? Wir haben keinen Raum mehr, wir können uns nirgendwo treffen. Das ist richtig großer Mist."

„Anna, ich bin Bürgermeister von Marzheim und nicht euer Sozialarbeiter. Ich muss an die Stadt denken und an die Leute hier. Das Gewerbegebiet wird auch Arbeitsplätze schaffen und das ist wichtig. Verstehst du das nicht?"

„Doch, das verstehe ich. Aber du weißt gar nicht, ob das wirklich giftig ist, was die damals vergraben haben. Vielleicht ist das alles ganz ungefährlich."

„Viele haben das früher getan, Anna", greift die Mutter beschwichtigend ein. „Da hat sich niemand Gedanken drüber gemacht. Die haben gefährliche Substanzen irgendwo hingeschüttet oder eben in Behältern vergraben. Kein Mensch weiß genau, wo überall. Das ist nicht nur bei eurer Villa so …"

„Und oft treten die Flüssigkeiten aus den Fässern aus, weil sie durchgerostet sind im Laufe der Jahre. Dann verseucht der gesamte Boden ringsherum, schlimmstenfalls geht es bis ins Grundwasser", fügt ihr Vater hinzu.

„Und was wird aus uns?", fragt Anna verzweifelt.

Ihr Vater zuckt mit den Schultern. „Ich weiß es nicht. Vielleicht könnt ihr in der Schule einen Raum bekommen, in dem ihr euch nachmittags trefft. Ich versuche das zu klären, wenn die Ferien vorbei sind. Irgendwas wird sich schon finden."

„Wenn die Ferien vorbei sind? In sechs Wochen, meinst du? Und dann hängen wir den ganzen Tag in der Schule rum und in unserer Freizeit auch noch? Toll. Super Idee."

Wütend tritt Anna gegen den Tisch. Die Gläser fangen bedrohlich an zu schwanken. Sie spürt die mahnenden, verständnislosen Blicke ihrer Eltern und ärgert sich über ihre Unbeherrschtheit. So stimme ich ihn nie um, denkt sie. Hilfe suchend sieht sie zu ihrer Mutter, die schüttelt aber nur den Kopf.

„Papa, bitte", versucht es Anna ein letztes Mal und bemüht sich um einen ruhigen Ton, obwohl es ihr sehr schwerfällt. „Du könntest doch die Polizei einschalten. Die finden bestimmt raus, wer Löwenherz ist und was es mit dem Foto auf sich hat."

„Nein, Anna, das kann ich eben nicht. Was glaubst du, was die Polizei sagt, wenn ich mit so einem Unsinn ankomme? Die haben etwas anderes zu tun, als sich um Facebook-Fotos zu kümmern. Es tut mir leid, aber es bleibt bei der Kündigung. Es muss dabei bleiben, es geht gar nicht anders. Ich kann doch nicht einfach ignorieren, was ich auf dem Foto gesehen habe. Es ist schade für euch, aber es ist nun mal so. Und versprich mir bitte, dass du nichts von dem Zeug isst, was ihr da in eurem Gemüsegarten angebaut habt."

„Da hat Papa recht", sagt Frau Frisch. „Man kann nicht wissen, ob das alles gesund ist, was da in euren Beeten wächst."

Der Gemüsegarten! Mit wie viel Mühe sie den Boden umgegraben haben. Wie sie sich gefreut haben, als es die erste eigene Ernte gab. Ausgezeichnet hat der Kohlrabi geschmeckt. Natürlich hat sie ihn probiert, alle haben ihn probiert. Nur, dass damals noch niemand über verseuchte Böden gesprochen hat.

„Wir haben alle schon von dem Gemüse gegessen … Niemand ist krank geworden", entgegnet Anna trotzig.

Peter Frisch steht auf und läuft in Richtung Terrassentür. Er nimmt das Telefon von der Ladestation und schaut auf das Display. Anna starrt ihm hinterher, als er in den Garten verschwindet, das Telefon bereits am Ohr. Wenig später hört sie durch das geöffnete Fenster ihres Zimmers, wie ihr Vater mit Thomas Hellmann spricht.

„Das wird eine Menge Arbeit für dich, mein lieber Thomas", sagt Peter Frisch heiter und lacht. „Ja, das spült richtig Geld in deine Kasse. Das Gewerbegebiet kommt und die Straße dahin baust du, mein Freund … Freut mich auch … Ja, blöd für die Kinder, aber für die finden wir schon was anderes … Genau, genau, jetzt geht es vorwärts. Ich hoffe nur, dass wir bald mit dem Bau beginnen können ... Ich denke schon ... ein paar Genehmigungen noch, eine Bürgerversammlung ... Ja, sollte alles klappen ..."

13. Kapitel

An der Pinnwand hängt der Brief, groß und bedrohlich. Rike hat ihn kopiert und dort angebracht. *Kündigung* steht in der Betreffzeile, dann folgen viele Worte der Erklärung und des Bedauerns. Erst sein Anna-Bild und nun die Kündigung des Nutzungsvertrags für die Villa, denkt Jacob. Eine Lawine ist ins Rollen geraten und niemand scheint sie mehr stoppen zu können.

„Was machen wir jetzt?", fragt Oscar.

„Gar nichts können wir machen", antwortet Rike traurig.

„Das ist so unfair", schimpft Anna. „Ich rede kein Wort mehr mit meinem Vater."

„Das ist doch Quatsch", sagt Rike. „Er kann überhaupt nichts dafür. Wenn hier wirklich gefährlicher Müll vergraben wurde, dann muss er das Gelände schließen. Dein Vater ist der Bürgermeister und hat die Verantwortung."

„Jetzt lässt er das Gewerbegebiet bauen und Jacobs Vater erhält den Auftrag dafür. Das haben die sich schön ausgedacht. Ich hab mitbekommen, wie sie telefoniert haben. Alle freuen sich und an uns denkt niemand", mault Anna.

„Was sollen sie denn sonst mit dem Gelände machen? Wenn man das sowieso nicht mehr nutzen kann, dann soll er eben die Straße darüber bauen lassen", erwidert Rike.

Die anderen nicken.

„Ich würde auch nicht wollen, dass mein Kind auf einer Mülldeponie spielt", fügt die Sozialarbeiterin nachdenklich hinzu.

„In Afrika", sagt Kanzi plötzlich in die betretene Stille hinein, „spielen ganz viele Kinder auf Mülldeponien."

„Na ja, sie spielen da nicht wirklich", berichtigt ihn seine Schwester. „Eigentlich suchen sie nach Dingen, die sie noch irgendwie gebrauchen können. Und dabei laufen sie stundenlang über den giftigen Müll, meistens ist das Elektroschrott."

Kanzi nickt und sagt: „Unser Müll wird nämlich in Afrika entsorgt. Alles wird mit Schiffen dahin gebracht und landet auf riesigen Kippen. Und da durchsuchen ihn dann die Kinder."

„Echt?", fragt Jacob erstaunt. „Was wollen die denn damit?"

„Sie verbrennen die alten Geräte aus Europa, Kühlschränke und Waschmaschinen zum Beispiel, um an das Metall ranzukommen. Metall verbrennt ja nicht, ist jedoch viel wert. Die Kinder kriegen ein bisschen Geld dafür, werden aber oft schwer krank, weil beim Verbrennen von Plastik giftige Dämpfe entstehen, die sie jeden Tag einatmen", erklärt Neyla.

„Die sind dort so arm, dass sie das machen müssen, damit sie überhaupt ein bisschen Geld für ihre Familien bekommen. Und manche Kinder haben gar keine Eltern mehr. Die müssen das dann machen, damit sie überleben können", sagt Kanzi und schaut von einem zum anderen.

„Schrecklich", sagt Anna. „Warum behält Europa den Müll nicht selbst? Dürfen die den Schrott überhaupt einfach so nach Afrika bringen?"

„Viele dieser Transporte sind illegal", erklärt Rike. „Aber natürlich gibt es immer Tricks, um solche Verbote zu umgehen. Die Händler tun so, als wenn man die Geräte weiterverwenden könnte, obwohl sie kaputt sind. Elektroschrott dürfen sie nämlich nicht in andere Länder bringen. Auf den Schiffen stellen sie dann einfach die Geräte ganz nach vorne, die wirklich noch funktionieren, und die Schrottgeräte stehen dahinter. Und wenn jemand vom Zoll die Ladung überprüft, sieht es so aus, als sei der gesamte Container voll mit funktionierenden Geräten."

„Und niemand wird dafür bestraft?", fragt Oscar entsetzt.

„Wenn man gar nicht merkt, dass es sich um Schrott handelt, und wenn man die Täter später nicht mehr ausfindig machen kann, dann wird niemand bestraft", antwortet Rike.

„Wie bei uns", sagt Neyla nachdenklich. „Der ehemalige Besitzer von der Reinigung ist schließlich auch für diese Schweinerei hier zuständig, aber niemand kümmert sich darum. Sie schließen einfach unsere Villa, bestrafen jedoch nicht denjenigen, der schuld daran ist."

„Stimmt", sagt Oscar aufgebracht. „Eigentlich müsste man den suchen und ihn fragen, wie er das alles wieder in Ordnung bringen will."

„Das machen wir", sagt Anna plötzlich. „Wir suchen den und stellen ihn zur Rede … Seid ihr dabei?"

Kanzi springt aufgeregt von seinem Stuhl auf und schaut erwartungsvoll in die Runde.

„Moment", schaltet sich Rike ein. „Ihr macht erst mal gar nichts. Ihr seid nicht die Polizei oder das Ordnungsamt."

„Na und?", entgegnet Anna. „Irgendjemand muss sich doch darum kümmern."

Dann klingelt Annas Handy und Jacob kann auf ihrem Display ein Bild von Martin erkennen. Sie läuft mit dem Handy nach draußen und spricht erst, als sie den Raum verlassen hat. Sosehr sich Jacob auch anstrengt, er kann nichts von dem kurzen Gespräch der beiden verstehen. Als Anna zurückkommt, winkt sie den anderen fröhlich zu und verabschiedet sich. Und Jacobs Stimmung hat ihren Tiefpunkt erreicht.

14. Kapitel

Neyla und Jacob sitzen auf einer Decke und schauen den Badenden zu. Ole liegt neben den beiden im Gras und kaut lustlos auf einem Stöckchen herum. Hin und wieder lässt Jacob seinen Blick über die Gäste schweifen. Es sind fast nur Jugendliche und Kinder am See, wenige Familien. Neyla hat ihm gesagt, dass Anna auch kommen will, allerdings kann er sie nirgendwo entdecken. Eigentlich geht er nicht so gerne zum Baden an den See. Irgendwann hat immer einer der Jungen die Idee, ein Wettschwimmen zu veranstalten, und Jacob schwimmt weder gut noch gerne. Da er sich aber nicht drücken will, steht der Verlierer des Wettkampfs schon fest, bevor es überhaupt losgeht. Doch an diesem Tag wird er sich auf keinen Fall auf so einen Wettbewerb einlassen, nicht vor Anna, falls sie noch kommen sollte. Vorsorglich hat er sich ein riesiges Pflaster an die Ferse geklebt, das von niemandem übersehen werden kann.

Was sie wohl gemacht hat, nachdem Martin sie in der Villa angerufen hat? Ob sie sich getroffen haben? Hier am See vielleicht? Jacob spürt, wie sich sein Magen bei diesen Gedanken schmerzlich zusammenzieht. Aus Neyla war leider gar nichts herauszubekommen. Ganz vorsichtig hat er es versucht, doch sie schien völlig ahnungslos zu sein.

Kanzi planscht durchs flache Wasser und winkt Jacob ständig zu, damit er zu ihm kommt. Jacob hebt umständlich seinen Fuß in die Höhe und deutet auf sein Pflaster, aber das hält Kanzi nicht davon ab weiterzuwinken. Jacob legt sich mit dem Rücken auf die Decke, verschränkt die Arme unter seinem Kopf und schließt die Augen. Minuten später wird er aus seinen Gedanken gerissen, als er eine Bewegung neben sich spürt. Endlich, denkt er und öffnet die Augen. Aber neben ihm hat nur Oscar seinen Rucksack abgelegt.

„Hier", sagt er. „Ich hab euch was mitgebracht."

Neugierig warten Neyla und Jacob auf das, was ihr Freund aus seiner Tasche kramt. Dann wedelt er mit einer Zeitung. Vor ein paar Tagen hat Oscar genauso mit dem Stadtanzeiger gewedelt, denkt Jacob. Da war er selbst noch stolz, dass er in den Medien auftauchte. Jetzt beginnt es ihn zu nerven.

„Toll", mault Neyla enttäuscht und legt sich wieder hin.

„Warte mal ab", sagt Oscar und blättert aufgeregt die Seiten um. „Warte, ich hab's gleich."

Und dann präsentiert er den beiden das Interview, das die Reporter der Zeitung mit dem Marzheimer Bürgermeister geführt haben. „Hier … der Reporter fragt, was Herr Frisch zu dem Foto zu sagen hat."

„Und", fragt Neyla gelangweilt, „was hat er zu sagen?"

Oscar überfliegt die Zeilen und brabbelt erst ein paar Worte vor sich hin, die die anderen nicht verstehen können. „Jetzt passt auf: ‚Ich stehe Facebook ja eher skeptisch gegenüber, aber ich muss meine Meinung revidieren. Ohne Facebook wäre die ganze Sache vielleicht niemals herausgekommen.'"

Neyla ist inzwischen doch interessiert und hält ihren Kopf so dicht über die Zeitung, dass Oscar nichts mehr lesen kann. „Der Reporter fragt: ‚Wissen Sie mittlerweile, wer derjenige ist, der das Bild gepostet hat?‘", liest sie vor. „Frisch: ‚Leider nicht, und die Hintergründe der Anonymität kennen wir auch nicht, aber das spielt im Moment auch keine entscheidende Rolle. Nun gilt es, die Kinder zu schützen.‘"

Oscar schiebt Neyla leicht verärgert zur Seite. Er sieht nicht ein, dass er die Zeitung mitbringt und sie daraus die Neuigkeiten vorliest. „Und hier, hört mal zu. Reporter: ‚Was wird jetzt aus dem Gelände?‘ Frisch: ‚Ich werde das halten, was ich meinen Wählern versprochen habe. Wir werden Marzheim zu besonderem Glanz verhelfen. Ich hoffe, dass wir in absehbarer Zeit mit den Bauarbeiten des neuen Gewerbegebiets beginnen können. Mein Wunsch wäre es, dass auch noch ein großes Einkaufszentrum entsteht, und ich hoffe und glaube, dass die Marzheimer froh darüber sein werden, wenn sie zum Einkaufen nicht mehr bis in die Kreisstadt fahren müssen. Vor allem unseren älteren Mitbürgern fällt das nämlich zunehmend schwer.‘" Oscar faltet die Zeitung zusammen, stopft sie in seine Tasche und schimpft: „Habt ihr das gemerkt? Der Frisch hat gar nicht richtig auf die Frage des Reporters geantwortet. Der erzählt nur von diesem Gewerbegebiet. Dass er die Villa abreißen lassen will, damit dort die Straße entlangführen kann, das erwähnt er gar nicht. Und über uns spricht überhaupt niemand mehr."

„Wir müssen selbst etwas unternehmen, um die Villa zu retten. Von anderen können wir sowieso keine Hilfe erwarten", sagt Neyla. Dann springt sie auf, um mit ihrem Bruder im See zu spielen.

Jacob schaut ihr hinterher. Plötzlich entdeckt er Anna am Ufer. Sie lacht, wirft ihre nassen Haare in den Nacken und bespritzt jemanden mit Wasser: Martin.

15. Kapitel

Tropfnass stehen die Freunde um die Decke herum, auf der es sich Jacob mit Ole gemütlich gemacht hat. Anna wringt ihre Haare auf Jacobs Rücken aus. Erschrocken springt er auf und Ole fängt laut an zu bellen, um sich im nächsten Moment von Martins Streicheln beruhigen zu lassen und freudig mit dem Schwanz zu wedeln. Jacob zieht an der Leine. Das fehlt noch, dass sich Ole von Martin kraulen lässt.

„Was ist los?", fragt Tobi grinsend. „Bist du wasserscheu?"

Jacob antwortet nicht, aber er weiß, dass die beiden älteren Jungen nicht lockerlassen werden. Warum verschwinden sie nicht einfach?, denkt er. Sollen sich Martin und Anna doch im Wasser vergnügen.

„Los, komm schon, wir machen ein Wettschwimmen", fordert Martin ihn auf.

„Ich ha-ha-hab mich verletzt, geht nicht", gibt Jacob zurück und deutet auf das Pflaster an seinem Fuß.

Martin zieht eine Grimasse und lacht spöttisch auf. „King Georg hat gesprochen. Er hat sich ver-ver-verletzt."

„Lass ihn in Ruhe", sagt Anna und setzt sich mit auf die Decke. Die anderen quetschen sich dazu, auch Martin, obwohl sich Jacob große Mühe gegeben hat, möglichst wenig Platz zu machen. Martin hält einen Grashalm in der Hand und fährt damit über Annas Schulter. Zweimal kratzt sie sich an der Stelle, ohne zu bemerken, dass ihr Martin einen Streich spielt. Beim dritten Mal schnappt sie sich den Grashalm und beide lachen. Jacob spürt Wut in sich aufkommen. Wenn er nur etwas mutiger wäre, würde er diesen Blödmann von der Decke schubsen. So aber beißt er die Zähne aufeinander und beobachtet das Treiben zwischen den beiden.

„Kommt ihr morgen mit zur Villa?", fragt Neyla und schaut zu Tobi. Der schüttelt den Kopf.

„Meine Mutter flippt aus, wenn ich da noch mal hingehe", sagt Martin. „Ist doch alles verseucht."

Annas Miene verfinstert sich und sie schlägt den Grashalm, der wieder an ihrer Schulter entlangfährt, wütend weg. „Woher wollt ihr das so genau wissen? Keiner kennt diesen Löwenherz. Vielleicht ist das Foto ein Fake."

„Wer sollte das denn machen?", fragt Tobi.

„Eben", antwortet Anna. „Das ist ja die Frage. Aber niemand stellt sie sich. Warum hat jemand einen so merkwürdigen Account bei Facebook und postet nichts außer diesem Bild?"

„Das kann eigentlich nur ein Erwachsener gewesen sein", sagt Kanzi.

Die anderen schauen ihn fragend an.

„Nur ein Erwachsener kennt sich so gut damit aus. Wir machen das alles mit den Einstellungen zur Sicherheit überhaupt nicht. Das tun nur Erwachsene."

„Quatsch", wirft Tobi ein. „Einen solchen Account kann sich jeder einrichten, der ein bisschen Ahnung hat. Du musst nur die Einstellungen ändern. Kleine Jungen wie du haben eben auch nichts bei Facebook zu suchen."

„Ja, aber du hast schließlich auch Löwenherz' Anfrage angenommen, obwohl du nicht weißt, wer das ist", gibt Kanzi verärgert zurück.

„Wenn jemand will, dass sich dieses Bild verbreitet, dann muss er doch einen Grund dafür haben. Wer hat was davon? Wenn wir uns das fragen, kommen wir möglicherweise an die Identität von Löwenherz", überlegt Anna laut.

Jacob schaut sie bewundernd an. Sie ist ziemlich klug, denkt er.

„Vielleicht war es dieser Reporter", meint Martin. „Damit er eine coole Story hat."

„Glaub ich nicht", entgegnet Oscar. „Der war selbst viel zu überrascht. Und ganz verzweifelt auf der Suche nach diesem Löwenherz."

„Oder der ehemalige Besitzer", sagt Martin und schaut triumphierend in die Runde. „Womöglich schämt er sich dafür, dass er damals diesen ganzen Müll vergraben hat. Und jetzt macht er sich Sorgen darum, dass jemand krank wird oder das Grundwasser verseucht wird. Deswegen stellt er das Bild bei Facebook rein und schon wird die Villa geschlossen und das Gelände wird anders genutzt."

„Und dann sucht er sich uns als Freunde aus, damit wir das Bild teilen? Woher soll der ehemalige Besitzer uns denn kennen?", wirft Jacob ein und muss innerlich grinsen. Martin, der tolle Martin, hat sich wohl ein bisschen vertan.

„Keine Ahnung, K-K-King Georg. Vielleicht war es auch dein Vater, der wird ja jetzt bestimmt den Bauauftrag bekommen", gibt Martin patzig zurück und schlägt mit seiner flachen Hand auf Jacobs nackte Schulter.

Jacob spürt Wut in sich hochsteigen, am liebsten würde er aufspringen und Martin ins grinsende Gesicht boxen. Aber er bleibt wie gelähmt auf der Decke sitzen und schaut auf den See. Die Schulter schmerzt und Jacob hofft, dass kein roter Abdruck zu sehen ist. Hilfe bekommt er ganz unerwartet von Anna, die Martin böse anschaut und sagt: „Oder es war deine Mutter. Ist ja nicht sicher, dass Löwenherz männlich ist. Deine Mutter ist doch bestimmt froh, dass die Straße zum Gewerbegebiet nicht an eurem Haus vorbeiführt, oder?"

Martin springt auf. „Meine Mutter?", ruft er. „Bist du verrückt? Wieso behauptest du so was?"

„Wieso behauptest du, dass es Jacobs Vater war?", gibt Anna zurück.

Martin fährt sich durch die Haare. Er kneift die Augen zu Schlitzen zusammen, bevor er beim Weggehen sagt: „Okay, dann war es wahrscheinlich dein Vater. Der hat nämlich am meisten davon, der Herr Bürgermeister, oder?"

Anna starrt Martin mit offenem Mund an und scheint unfähig zu sein, etwas zu erwidern. Und auch als Martin und Tobi längst außer Sichtweite sind, wirkt sie noch verstört und nachdenklich.

16. Kapitel

Lisa steht am Herd und backt Pfannkuchen. Der Tisch ist mit drei Tellern, einer Schale Apfelmus und einer mit Marmelade gedeckt. Jacob würde gerne allein mit ihr reden – vielleicht. Ganz sicher ist er sich nicht, ob er ihr von der Kritzelei über Anna erzählen möchte und von all dem anderen, was ihn gerade beschäftigt. Aber sein Vater sitzt bereits mit in der Küche und Lisa berichtet von der Uni, ihren stressigen Klausuren, von ihren Mitbewohnern in der WG und von ihrem neuen Freund. Ich wäre auch gerne erwachsen, denkt Jacob. Er beneidet seine Schwester. Mit ihm spricht sein Vater nie so lange wie mit ihr, eigentlich redet er überhaupt nicht so richtig mit ihm.

Als sich Lisa mit dem Teller dampfender Pfannkuchen zu ihnen setzt, lächelt sie ihren kleinen Bruder an und strubbelt ihm durch die Haare. Jacob kann das nicht leiden und Lisa weiß das ganz genau, trotzdem macht sie es immer wieder. „Ziemlich was los in Marzheim wegen der Fotogeschichte", sagt sie und schiebt ihm die Schale mit Apfelmus zu.

Jacob antwortet nicht. Er starrt auf den Teller und kaut an seinem Pfannkuchen. Ole schleicht unter dem Tisch bettelnd um Jacobs Beine herum. Als sein Vater abgelenkt ist, lässt Jacob ein kleines Stück auf den Boden fallen, das Ole sofort gierig verschlingt.

„Was passiert denn jetzt mit der Villa?", fragt Lisa.

„Keine Ahnung", antwortet Jacob. „Sie wird wohl geschlossen. Die Kündigung hängt schon aus."

„Blöd", sagt Lisa. „Aber wenn ihr euch dort sowieso nicht mehr aufhalten könnt, dann ist das ja auch egal."

„Für mich ist das natürlich super", sagt sein Vater. „Wenn alles gut geht, bekomme ich den Auftrag und hab dann richtig viel zu tun."

Lisa legt ihre Hand auf seine und lächelt ihn an. „Das freut mich total", sagt sie. Sie wendet sich wieder Jacob zu. „Für euch finden sie bestimmt einen neuen Treffpunkt. Vielleicht könnt ihr euch in der Schule treffen.

Am Nachmittag sind doch die Räume frei. Es wird sich schon was ergeben."

Jacob nickt. Aber von der allgemeinen guten Laune am Tisch kann er sich nicht anstecken lassen.

„Erst mal ist es wichtig, dass Papa wieder genug Arbeit hat und Geld verdient. Das wäre wirklich traurig gewesen, wenn ihr das Haus hättet verkaufen müssen."

„Ja", pflichtet der Vater ihr bei. „So ein kleiner Zufall kann das gesamte Leben umkrempeln."

„Na ja, ein Zufall war das ja nicht gerade. Ohne diesen geheimnisvollen Löwenherz wäre es doch gar nicht so weit gekommen. Weiß jetzt endlich jemand, wer das ist?"

Jacob schüttelt den Kopf.

„Aber schon komisch, dass jemand anonym so ein Bild ins Internet stellt. Warum hat derjenige sich denn nicht gleich bei der Zeitung gemeldet? Das verstehe ich irgendwie nicht."

Jacob steckt sich ein großes Stück Pfannkuchen in den Mund. Er zuckt mit den Schultern und sagt schmatzend: „Keine Ahnung."

„Egal. Du bist jetzt jedenfalls berühmt", sagt Lisa und lacht.

„Berühmt? Quatsch", sagt Jacob.

„Na komm, im Stadtanzeiger war schließlich ein Foto von dir. Das hab ich noch nicht geschafft." Dann wendet sie sich wieder dem Vater zu. „Als ihr damals an der alten Mühle gebaut habt, habt ihr doch auch unheimlich viel gefunden, was da illegal vergraben war, oder?"

„Jede Menge Bauschutt", sagt Jacobs Vater. „Und auch allen möglichen anderen Kram. Alles, was sie nicht mehr brauchten, haben sie einfach dort vergraben. Um Umweltschutz hat sich früher niemand geschert. Heute würde sich so was keiner mehr trauen …"

Lisa steht auf und ihr Vater geht hinaus in den Garten. Jacob hilft Lisa, das Geschirr in die Spülmaschine zu räumen.

„Du musst mir beim nächsten Mal unbedingt die Fotos zeigen, die du bei Opa gefunden hast. Ich hab die noch nie gesehen. Ach, ich will übrigens ein paar Kinderbücher mitnehmen. Das ist doch okay, oder?"

Jacob schluckt kurz, dann fragt er unsicher: „Bist du schwanger?"

Lisa lacht. „Bist du verrückt? Wie kommst du auf diese Idee?"

„Die Kinderbücher …"

„Ach so, deshalb. Nein, ich brauche sie für die Station, auf der ich gerade ein Praktikum mache. Ich möchte den Kindern Geschichten vorlesen, wenn etwas Zeit dafür ist. Wir hatten richtig schöne Kinderbücher, weißt du noch?"

„Ja", sagt Jacob. „Mama konnte toll lesen, mit so vielen unterschiedlichen Stimmen." Er schaut sich um. Als er sich sicher sein kann, dass sein Vater nicht in der Nähe ist, fragt er leise: „Hast du was von ihr gehört?"

Lisa sieht ihren Bruder einen Moment mitleidig an, bevor sie den Kopf schüttelt.

„Wie lange bleibst du?", fragt Jacob seine Schwester.

„Ich muss gleich wieder los. Ich hab eine Menge zu tun. Sei froh, dass du noch nicht zur Uni gehst, so viel Zeit wie als Schüler hast du nie mehr."

Jacob ist enttäuscht. Er hätte sich gefreut, wenn Lisa über Nacht geblieben wäre und am nächsten Morgen mit ihm gefrühstückt hätte. Vielleicht wäre Zeit gewesen, richtig zu reden. Aber Lisa ist schon in den Garten gelaufen, um sich von ihrem Vater zu verabschieden. Im Vorübergehen drückt sie Jacob noch einen Kuss auf die Stirn, streichelt durch Oles Fell. „Haltet die Ohren steif", sagt sie, bevor sie sich die Tüte mit den Kinderbüchern schnappt und verschwindet. Und obwohl sich Jacob seit vielen Jahren keines der Bücher angesehen hat, ist er plötzlich traurig, dass sie nicht mehr da sind.

17. Kapitel

An der Haustür klingelt es Sturm. Jacob trottet verschlafen und schlecht gelaunt die Treppe hinunter. Zwanzig nach neun! Wer klingelt ihn mitten in den Ferien um diese Zeit aus dem Bett? Ole kläfft laut und läuft schwanzwedelnd im Flur hin und her. Wahrscheinlich soll er wieder ein Paket für die Nachbarin annehmen, denkt Jacob. Ständig bestellt sie irgendwelche Dinge und ist bei der Lieferung nie zu Hause. In Erwartung des Postboten hat er sich weder etwas Vernünftiges angezogen noch sein Spiegelbild überprüft. Mit strubbeligen Haaren und im Schlafanzug öffnet er die Tür und kippt fast nach hinten um.

„Warum gehst du nicht an dein Handy?", fragt Anna außer Atem.

„Ich … weil …", stottert Jacob und fährt sich durch die Haare. „Kaputt."

„Rike hat uns alle angerufen. Wir sollen zur Villa kommen. Ein Fernsehteam will bei uns drehen."

„Was?", fragt Jacob erschrocken und spürt, wie sich sein Magen zusammenkrampft.

„Ja, die haben davon aus der Zeitung erfahren und wollen jetzt in der Villa filmen. Und wir sollen auch was sagen. Rike meint, wir sollten alle dabei sein, damit die sehen, wie viele von uns da immer sind."

Jacobs Herz rast. Ein Fernsehteam? Er will nicht im Fernsehen erscheinen, er will keine Interviews geben und er kann es auch nicht. Das fehlte noch, dass er vor laufender Kamera herumstottert. „Ich … ich …", sagt Jacob zögerlich, „ich weiß nicht, ob ich kommen kann."

„Du musst, Jacob. Wir müssen jetzt alle zusammenhalten, verstehst du?", sagt Anna eindringlich.

„Willst du reinkommen?", fragt er, nachdem er sich ein bisschen beruhigt hat.

Anna schüttelt den Kopf. „Nein, ich muss noch was erledigen", sagt sie.

Jacob ist enttäuscht, versucht aber, sich nichts anmerken zu lassen.

„Um zwölf werden sie da sein. Sei pünktlich, es ist wirklich wichtig", sagt Anna und steigt auf ihr Fahrrad. Jacob möchte noch etwas erwidern, aber ihm fällt nichts ein und Anna ist schon wieder weg, während er die Haustür langsam schließt.

Wie gelähmt steht Jacob im Flur und in seinem Kopf überschlagen sich die Gedanken. Ole streicht um seine Beine herum und schaut ihn fragend an.

Jacob geht in sein Zimmer, schaltet seinen Computer an und gibt in der Suchleiste die Wörter *Marzheim* und *alte Wäscherei* ein. Sofort erscheint das Foto von der Reinigung auf dem Bildschirm. Dann tippt er seinen eigenen Namen in die Suchleiste und sieht den Artikel von Daniel. Jacob hämmert auf seinem Schreibtisch herum und flucht leise vor sich hin. Auf seiner Stirn bilden sich kleine Schweißperlen und ihm wird schwindelig.

Ich bin krank, denkt er, ich kann unmöglich zum Drehtermin gehen. Sie fragen mir bestimmt Löcher in den

Bauch, wollen wissen, warum Opa das eine Bild hatte, das andere aber nicht. Dann soll ich wieder erklären, was ich nicht erklären kann. Und überhaupt, was denken sich diese Fernsehfuzzis eigentlich? Dass sie einfach anrufen können und jeder sofort parat steht? Nicht mit mir, denkt Jacob, um sich selbst etwas zu beruhigen.

Er schaltet den Computer aus und geht ins Bad. Die kühle Dusche tut gut und er kann seine Gedanken ein wenig ordnen, während ihm das Wasser über den Kopf läuft.

Als er zurück im Flur ist, blickt er auf das Telefon. Er zögert einen Moment, dann tippt er die Nummer seiner Mutter ein. Sein Herz beginnt wieder schneller zu schlagen und seine Hände schwitzen. Das Warten fällt ihm unglaublich schwer und er überlegt, ob er nicht besser auflegen soll. Dann endlich klickt es in der Leitung und die Stimme seiner Mutter auf dem Anrufbeantworter fordert ihn auf, eine Nachricht zu hinterlassen.

18. Kapitel

Der Kameramann schwenkt sein Gerät langsam hin und her. Neben ihm steht eine Frau mit einem Mikrofon in der Hand. Eine andere Frau gibt den beiden Anweisungen. Kanzi schleicht um die Leute vom Fernsehen herum und beobachtet alles ganz genau. Neyla und Anna warten gespannt darauf, dass es endlich losgeht.

Rike streicht sich nervös die Haare aus dem Gesicht und sieht immer wieder auf ihre Uhr. „Ich versteh das nicht", sagt sie schließlich leise zu Oscar.

Oscar zuckt mit den Schultern und schaut sich suchend um. Dass Jacob noch nicht da ist, kann er sich auch nicht erklären. So unzuverlässig kennt er seinen Freund nicht. Halb eins und weit und breit ist nichts von Jacob zu sehen. Oscar wirft einen Blick auf sein Handy, aber dann fällt ihm ein, dass Jacob ihm nicht schreiben und ihn auch nicht anrufen kann. „Ich rufe ihn mal auf dem Festnetz an", sagt er zu Rike und lässt sich den Schlüssel zu ihrem Büro geben.

Die Journalistin bittet die Sozialarbeiterin zu sich und stellt ihr ein paar Fragen zur Entstehung des Jugendtreffs, zu ihrer Tätigkeit und zu den Projekten. Dann kommen sie auf das Foto bei Facebook zu sprechen und der Kameramann schwenkt von Rike zu der Stelle im Garten, an der auf dem Bild die Grube ausgehoben ist.

„Was haben Sie gedacht, als Sie dieses Foto gesehen haben?"

Rike stockt einen Moment. „Ich … äh … ich wusste gar nicht … also am Anfang hab ich das gar nicht sofort erkannt, was da …"

„Ich hab es entdeckt, als Erster", quakt Kanzi ungefragt dazwischen.

Die Reporterin nickt ihm zu, geht aber nicht auf seinen Kommentar ein. Dann möchte sie Aufnahmen vom Inneren des Hauses machen und ihre beiden Assistenten folgen ihr. Oscar ist inzwischen wieder zu den anderen gestoßen und hat Rike mit einem Kopfschütteln zu verstehen gegeben, dass er Jacob nicht erreichen konnte.

Auf den Tischen liegen die Plakate von der Fotoausstellung. Rike möchte sie in der Schule aufhängen, damit sie dort noch eine lange Zeit angeschaut werden können. Der Kameramann filmt die Bilder und schwenkt dann auf den Brief mit der Kündigung, der an der Pinnwand angebracht ist.

Plötzlich schauen alle durch die Fenster in den Garten, in dem es unruhig geworden ist. Oscar hofft, dass Jacob endlich kommt, muss aber enttäuscht feststellen, dass sich ein Mann der Villa nähert.

„Was machst du denn hier?", fragt Anna entsetzt und schaut ihren Vater mit großen Augen an. Peter Frisch antwortet nicht, legt ihr aber einen Arm um die Schulter, den Anna abschüttelt. Dann begrüßt der Bürgermeister das Fernsehteam und es scheint so, als wäre ihr Zusammentreffen abgesprochen.

„Ihr könnt erst mal drinnenbleiben", sagt die Reporterin zu Rike und den Kindern. Sie wendet sich dem Kameramann zu und fragt, ob er in den Räumlichkeiten noch etwas filmen möchte. Als er den Kopf schüttelt, wechselt das Team wieder in den Garten. Die Kinder stehen am Fenster und beobachten gespannt, was sich draußen abspielt. Peter Frisch zeigt mit ausladenden Bewegungen über das Gelände, erklärt Dinge, die die Kinder nicht hören können, und lächelt ununterbrochen in die Kamera.

„Wieso filmen die denn jetzt meinen Vater? Ich dachte, die wären wegen uns hier …", sagt Anna und rollt mit den Augen.

„Vielleicht haben sie deinen Vater gefragt, ob er auch was dazu sagen möchte. Und wahrscheinlich mussten sie sich erst mal eine Drehgenehmigung bei ihm holen", versucht Rike zu erklären.

„Ich finde das echt unmöglich, dass sie uns noch gar nichts gefragt haben. Nur dich haben sie kurz interviewt und jetzt reden sie die ganze Zeit mit Annas Vater", mault Kanzi.

„Finde ich auch", pflichtet ihm Neyla bei. Am Abend zuvor hat sie sich extra von ihrer Tante die wilden dunklen Locken in kleine Zöpfe flechten lassen, die nun fröhlich um ihren Kopf herumschwirren. Wenn sie schon mal die Gelegenheit hat, ins Fernsehen zu kommen, dann will sie auf jeden Fall gut aussehen. Doch bisher gibt es keine einzige Aufnahme von ihr.

„Na, das wurde aber auch langsam Zeit", sagt Anna, als sie sieht, wie sich ihr Vater vom Fernsehteam verabschiedet. Die Kinder laufen nach draußen, um der Reporterin endlich erzählen zu können, wie es ihnen mit der bevorstehenden Schließung der Villa geht und wie ungerecht behandelt sie sich fühlen.

„Was machen Sie?", fragt Neyla entsetzt, als sie feststellt, dass die Leute vom Fernsehen ihre Sachen zusammenpacken.

„Wir sind fertig", sagt die Reporterin. „Danke euch allen, es hat uns Spaß gemacht."

„Aber Sie haben doch noch gar kein Interview mit uns geführt", wirft Kanzi ein.

„Das brauchen wir auch nicht. Der Beitrag darf nicht so lang werden. Wir haben alles, was wir wollten. Vielen Dank dafür, dass ihr euch Zeit genommen habt."

Dann bringen die Fernsehleute ihre Sachen zum Auto, winken den verdutzten Kindern zum Abschied zu, steigen ein und fahren davon.

19. Kapitel

Jacob liegt im Bett, die Decke trotz der sommerlichen Temperaturen bis ans Kinn gezogen. Neben ihm auf dem Tisch befinden sich ein Fieberthermometer und eine Packung Halsschmerztabletten.

„Hoffentlich hast du keine Sommergrippe", sagt Oscar. „Die dauert nämlich immer ziemlich lange."

Jacob zuckt mit den Schultern und nimmt einen kräftigen Schluck aus seinem Teeglas. Die beiden Jungen starren auf den Fernseher und warten darauf, dass die Lokalnachrichten beginnen. Oscar hat beschlossen, nach seinem Freund zu sehen, nachdem dieser nicht zum Drehtermin erschienen ist.

„So ein Mist, dass du ausgerechnet heute krank werden musstest."

„Ja", sagt Jacob und schnieft ins Taschentuch, „wirklich Mist."

Es ist achtzehn Uhr und endlich geht es los. Als sie Aufnahmen von der Villa sehen, halten die beiden Jungen die Luft an. Die Reporterin spricht in die Kamera, stellt das Gelände vor und beschreibt knapp die Entstehungsgeschichte der Villa. Nun erscheint Rike auf dem Bildschirm und Oscar klatscht kurz in die Hände. Aber nach zwei Sätzen der Sozialarbeiterin schwenkt die Kamera schon wieder weg von ihr. Jetzt ist eine Reporterin zu sehen, die den Bürgermeister von Marzheim vorstellt. Peter Frisch erzählt von dem, was die Stadt bauen will, und von dem großen Gewinn, den alle haben werden. Er schwärmt von den neuen Arbeitsplätzen, die entstehen können, und zeigt sich den Baubeginn betreffend optimistisch. Dann ist der Beitrag zu Ende.

Oscar schaut auf sein Handy. „Ich hab die Zeit gestoppt", sagt er wütend. „Drei Minuten haben die gezeigt. Drei Minuten! Zwei Stunden haben die bei uns gedreht und zeigen davon nur drei Minuten! Nicht zu fassen."

Jacob reagiert nicht. Insgeheim ist er sehr froh, dass er beim Dreh nicht dabei war. Die kleine Notlüge war eine gute Entscheidung, denkt er und atmet tief durch. Eigentlich hat er keine Lust mehr auf Oscars Besuch, der macht aber keine Anstalten zu gehen.

„Ist dir das aufgefallen?", fragt er aufgebracht. „Von uns wurde nicht ein Einziger gezeigt. Alle, die das gesehen haben, denken jetzt, dass außer Rike niemand da war. Das haben die bestimmt mit Absicht gemacht. Das wirkt ja, als wäre die Villa sowieso nicht gut besucht. Frechheit. Von uns haben die doch gar nichts erzählt. Nur mal kurz davon, dass da Fässer vergraben wurden. Und dann ging es bloß noch um das Gewerbegebiet und das Einkaufszentrum. Und das drehen die auf unserem Gelände."

„Klar", sagt Jacob. „Da entlang wird ja auch die Straße gebaut."

Oscar schaut ihn verständnislos an. „Ja und!", ruft er ärgerlich. „Findest du das etwa gut? Ich dachte, die machen einen Beitrag über uns. Wenn die nur das zeigen, was der Bürgermeister will, dann hätten sie bei dem im Büro drehen können und nicht bei uns." Oscar schaut einen Moment lang aus dem Fenster. Leise sagt er mehr zu sich als zu Jacob: „Wir müssen unbedingt herausfinden, wer dieser Löwenherz ist."

Oscars Handy klingelt. Vielleicht muss er jetzt nach Hause, hofft Jacob. Er würde gerne wieder aufstehen und das Fieberthermometer und die Medikamente wegräumen, bevor sein Vater die Sachen sieht und unangenehme Fragen stellt.

Oscar sagt nicht viel, nur „Okay", „Aha", „Mach ich" und „Alles klar". Als er sein merkwürdiges Gespräch beendet hat, springt er auf und schnappt sich seinen Rucksack. „Tut mir leid", sagt Oscar. „Ich muss los. Das war Anna."

„A-A-Anna?", fragt Jacob und erschrickt sofort, weil seine Stimme so schrill klingt. Selbst Ole ist das nicht verborgen geblieben. Er hebt seinen Kopf und schaut Jacob fragend an.

„Ja", sagt Oscar. „Sie hat auch gerade den Beitrag im Fernsehen gesehen. Wir sollen alle zur Villa kommen, sie will mit uns reden. Sie war ziemlich wütend."

Jacob setzt sich so ruckartig auf, dass Ole erschrocken aus dem Bett springt. „Warte", sagt er aufgeregt. „Ich komme mit."

Oscar legt ihm beschwichtigend die Hand auf die Schulter und drückt ihn sanft ins Kissen. „Lass mal, du steckst sonst noch alle an. Deine Stimme klingt auch schon ganz komisch. Ich erzähle dir, was los war."

Dann verschwindet Oscar durch die Tür und Jacob bleibt verärgert zurück.

20. Kapitel

„Das lassen wir uns nicht bieten", sagt Anna aufgebracht. Der Fernsehbeitrag hat ihr den Rest gegeben. Nun ist sie fest entschlossen, ihren Plan in die Tat umzusetzen. Neyla und Oscar haben ihr bei dem Treffen in der Villa sofort zugestimmt. Einen Tag später sitzen die Kinder mit Rike in der Küche und hoffen auf deren Hilfe.

Jacob rutscht auf seinem Stuhl hin und her. Ihm ist nicht wohl bei der Sache und er ist sehr froh darüber, dass Rike das offensichtlich ähnlich sieht.

„Und was wollt ihr dagegen unternehmen?", fragt sie ruhig.

„Wir suchen den ehemaligen Besitzer", sagt Neyla entschieden.

„Nächste Woche ist eine Bürgerversammlung. Mein Vater hat das beim Abendessen erzählt. Dann werden die Baupläne vorgestellt und abgestimmt. Und ich kann euch jetzt schon garantieren, dass die die Villa plattmachen."

„Und du glaubst, dass der ehemalige Besitzer das verhindern wird?", fragt Rike in einem Ton, der verrät, dass sie keinesfalls daran glaubt.

„Nein", antwortet Anna. „Aber er soll da mal erzählen, was sie wirklich vergraben haben. Und vielleicht hat er ja auch eine Idee, wie er das wieder bereinigen kann."

„Genau", pflichtet Neyla ihr bei. „Bestimmt macht der sich irgendwo ein schönes Leben und schwimmt in Geld. Dann soll er was davon investieren und das alles wieder in Ordnung bringen."

„Ich weiß, wie der heißt. Meine Oma konnte sich noch an seinen Namen erinnern. Meyer heißt der. Herbert Meyer", sagt Oscar.

„Und wie wollt ihr an seine Adresse kommen? Weißt du, wie viele Meyers es gibt?", fragt Rike.

„In Marzheim achtundzwanzig", sagt Neyla und grinst. „Wir haben sie alle angerufen. Er war aber nicht dabei."

„Seid ihr denn verrückt?" Rike blickt fassungslos in die Runde.

„Wieso verrückt?", schaltet Oscar sich ein. „Wenn niemand für unsere Rechte kämpft, dann müssen wir das eben selbst machen."

Nach langem Hin und Her verspricht Rike schließlich, Daniel anzurufen und ihn um Hilfe zu bitten.

„Gute Idee", sagt Anna. „Der ist bei der Zeitung, der bekommt so was bestimmt raus. Das ist doch sein Job."

„Ich versuche es", sagt Rike. „Aber ihr müsst mir versprechen, dass ihr euch zurückhaltet. Vielleicht kann Daniel mit Herrn Meyer sprechen. Wenn wir die Adresse erfahren, könnte ich ihm auch einen Brief schreiben und ihn zur Bürgerversammlung einladen, damit er was zu der Angelegenheit sagen kann. Aber ihr dürft euch da nicht mehr einmischen. Wer weiß, was für ein Typ das ist. Haltet euch raus, okay?"

Die Jungen und Mädchen nicken widerwillig. Ihnen ist klar, dass sie ohne Rike und Daniel keine Chance haben, Herbert Meyer ausfindig zu machen.

Auf dem Weg nach Hause sind die Kinder ein wenig niedergeschlagen.

„Meinst du, dass Rike uns wirklich hilft?", fragt Kanzi seine Schwester.

Neyla zuckt mit den Schultern.

„Jedenfalls wäre sie dann die einzige Erwachsene, die überhaupt etwas tut", wirft Anna wütend ein. „Niemand interessiert sich noch für die Villa. Überall wird nur über das Gewerbegebiet und das Einkaufszentrum geredet. Mein Vater hat versprochen, dass er sich um eine Alternative für uns kümmert, aber gemacht hat er bisher gar nichts."

„Die haben noch nicht mal eine Bodenprobe genommen. Eigentlich weiß doch gar keiner, ob da giftiges Zeug im Boden ist. Nur wegen des Fotos ist nicht gesagt, dass wirklich eine Gefahr besteht", meint Oscar.

„Bodenprobe! Dass ich nicht lache! Die wollen das gar nicht untersuchen. Wenn nämlich dabei rauskommt, dass das gar nicht so schlimm ist, dann können sie die Villa nicht einfach schließen", schimpft Anna.

„Die können alles, wenn sie wollen", sagt Neyla.

„Ja, aber jetzt finden das auch noch sämtliche Marzheimer gut. Sonst hätten vielleicht manche Eltern gesagt, dass die Villa für uns bleiben soll. Nun ist fast jeder froh, dass sie geschlossen wird. Ihr seht doch: Einige kommen schon gar nicht mehr, weil die Eltern Angst haben, dass sich ihre Kinder auf verseuchtem Gelände aufhalten."

„Stimmt", sagt Neyla. „Was ist überhaupt mit Martin und Tobi und den anderen? Warum sind die nicht gekommen, als wir uns nach der Fernsehsendung bei der Villa getroffen haben? Hast du ihnen nicht Bescheid gesagt?"

„Nein", sagt Anna knapp. Ihr Blick verrät, dass sie keine Lust hat, Erklärungen zum Thema Martin abzugeben.

Jacob freut sich. Er hat mit dieser Reaktion nach dem Streit am See gerechnet.

„Außerdem interessiert die das sowieso nicht mehr", fügt Anna hinzu. „Klar, jetzt ist ja auch das Wetter schön und alle sind am See. Aber wenn es wieder kälter wird und wir nicht wissen, wo wir hinsollen, dann werden sie merken, wie ihnen die Villa fehlt."

Als die Kinder die Straßenkreuzung erreichen, an der sich ihre Wege trennen, hält Anna ihre Hand auffordernd in die Mitte. „Nicht mit uns", sagt sie. „Versprechen wir uns, dass wir kämpfen werden."

Kanzi, Neyla, Oscar und Jacob legen ihre Hände verschwörerisch aufeinander und wiederholen: „Nicht mit uns."

21. Kapitel

In der Mitte der Wand hängt ein Foto – *das* Foto. Da es vergrößert ist, muss man sich nicht anstrengen, um den Totenkopf auf einem der Fässer zu erkennen. Drei Männer stehen an die Behälter gelehnt, einer winkt dem Fotografen zu. Die Gesichter der Personen sind im Schatten des Baumes, man kann sie nicht richtig sehen.

Auf Neylas Bett sitzen Kanzi, Oscar und Jacob. Anna steht an der Wand und hält kleine verschiedenfarbige Zettel in der Hand. Auf dem Schreibtisch neben ihr liegen eine Rolle Tesafilm und Stifte. Sie nimmt ein Foto von Neylas Tisch und klebt es neben das Bild. Aus finsteren Augen starrt der Löwe von der Wand.

„Also", sagt Anna dann. „Wer ist dieser Löwenherz?" Sie schaut auffordernd in die Runde. „Mir hat er ja auch eine Freundschaftsanfrage geschickt, wie uns allen eben. Ich hab sie jetzt angenommen und ihm geschrieben. Hoffentlich antwortet er und wir kriegen raus, wer es ist. Er hat sich leider noch nicht bei mir gemeldet. Kanzi und Jacob, ihr solltet ihm auch schreiben. Neyla und Oscar haben die Anfrage sofort gelöscht. Aber bei euch gibt es eine Chance. Macht das am besten gleich hier, vielleicht haben wir Glück und jemand bekommt eine Antwort."

„Ich hab ihm schon geschrieben", sagt Kanzi und reicht das Tablet an Jacob weiter.

Anna übernimmt wieder das Wort. Sie tippt mit dem Finger auf den Löwenkopf und fragt: „Wer hat etwas davon, dieses Bild zu posten? Lasst uns mal genau überlegen."

Alle schauen betreten weg, Jacob ist noch mit seiner Nachricht an Löwenherz beschäftigt. Anna nimmt einen der bunten Zettel, schreibt einen Namen auf und klebt den Zettel an die Wand. *Peter Frisch*. Auf die verwunderten Blicke der Kinder hin erklärt Anna: „Er hat am meisten davon, das weiß ich selbst. Egal, ob er nun mein Vater ist oder nicht."

Die anderen nicken und scheinen erleichtert, dass sie den Namen nicht nennen mussten.

„Dein Vater auch, Jacob", sagt Oscar.

Jacob legt das Tablet zur Seite und schaut zu, wie Anna den Namen seines Vaters neben den Löwenkopf klebt. Innerhalb kurzer Zeit hängen einige Zettel mit Namen rund um die beiden Fotos.

Fast jeder, der ein Haus an der Hauptstraße hat, gerät unter Verdacht. Wenn keine Umgehungsstraße gebaut wird, muss der Verkehr durch die Wohnsiedlungen führen. Niemand möchte den Straßenlärm und den Dreck in Kauf nehmen, der durch das Baugebiet entstehen würde. Am Ende haben die Kinder achtzehn Namen von Menschen aufgeschrieben, die ein Interesse an der Schließung der Villa haben könnten.

„Und jetzt?", fragt Oscar und schaut auf die bunten Zettel an der Wand, von denen Anna gerade ein Foto mit ihrem Handy schießt.

„Jetzt nehmen wir alle Namen wieder ab, bei denen wir nicht glauben, dass sie Löwenherz sind."

„Der ehemalige Besitzer", schlägt Oscar vor und fügt erklärend hinzu: „Jacob hat das am See schon ganz richtig gesagt: Der weiß doch gar nichts von uns. Ist also Quatsch, dass der uns bei Facebook gesucht hat."

Anna nickt und löst den Zettel vorsichtig ab. „Okay", sagt sie und überlegt kurz. „Es muss also auf jeden Fall jemand sein, der uns kennt."

„Alle anderen kennen uns", sagt Neyla.

„Ja, aber nur wenige wissen, dass sich Kanzi bei Facebook MC Kan nennt", gibt Oscar zu bedenken.

„Das ist doch ein Kinderspiel. Derjenige muss nur mit einem von uns bei Facebook befreundet sein, dann hat er jeden von uns. Oder hat irgendjemand seine Liste gesperrt?", fragt Neyla.

Alle schütteln den Kopf.

„Ich hab noch mal überlegt – wegen des Namens Löwenherz. Der kommt mir nämlich wirklich sehr bekannt vor", sagt Anna. „Da gab es diesen englischen König, Richard Löwenherz. Vielleicht hat es etwas damit zu tun."

„Genau", sagt Kanzi. „Martin sagt doch auch immer zu Jacob etwas mit König oder King. Warum macht er das eigentlich?"

Jacob beißt sich auf die Unterlippe. Die anderen schauen Kanzi betreten an und Neyla boxt ihm leicht in die Seite und zischt: „Halt die Klappe."

Kanzi kann sich diese Reaktion nicht erklären, aber er merkt, dass er ein unangenehmes Thema angeschnitten haben muss. „Könnte jedenfalls gut sein, dass Martin Löwenherz ist", sagt er kleinlaut.

„Könnte", entgegnet Anna, „muss aber nicht."

„Ich weiß nicht", meint Oscar ungeduldig. „Die kommen doch alle irgendwie infrage. Wir finden niemals raus, ob es einer von denen ist."

Die anderen nicken, aber Anna will sich nicht so schnell geschlagen geben. „Macht alle ein Foto von den Namen, die hier stehen. Vielleicht fällt jemandem später noch etwas dazu ein. Kanzi und Jacob, denkt daran, dass ihr immer wieder schaut, ob Löwenherz euch geantwortet hat. Wenn einer von uns eine Nachricht von ihm bekommt, dann sollte er die anderen sofort informieren, okay?"

„Okay", sagt Jacob.

Die Kinder verabschieden sich voneinander, nur Anna bleibt noch bei Neyla.

Die beiden Jungen trotten auf ihrem Weg nach Hause langsam nebeneinander her. Oscar lacht und sagt: „In Neylas Zimmer sah es aus wie im Fernsehen in Krimis, wenn sie einen Täter suchen."

„Das hab ich zwischendurch auch gedacht. Aber ich glaube nicht, dass das was bringt", erwidert Jacob.

Als die Jungen Jacobs Haus erreichen, kommt Ole durch den Garten an den Zaun gerannt und bellt laut vor Freude. Jacob springt über das Gitter und rauft mit Ole im Gras. An seinen Computer geht er nicht mehr. Er weiß auch so, dass Löwenherz niemandem antworten wird.

22. Kapitel

Rike schleppt einen großen Stapel Pappe in die Villa. Sie legt ihn auf den Tisch und beginnt, daraus den ersten Umzugskarton zusammenzufalten. Viele der Regale sind schon leer geräumt, es wirkt kahl und unfreundlich in dem Haus, in dem sich alle so wohlgefühlt haben. „Helft mal mit", fordert sie die anderen auf. „Es gibt noch jede Menge zu tun. Zuerst brauchen wir die Spiele aus den Schränken und das Zeug zum Basteln. Hier, Kanzi, die Spiele kannst du übernehmen."

Sie schiebt ihm den Karton rüber und Kanzi beginnt mit der Arbeit. Neyla, Anna und zwei andere Mädchen sortieren Papier, Scheren, Kleber und Stifte in eine weitere Kiste ein. Oscar bleibt stur auf seinem Stuhl sitzen und wirft einen kleinen Gummiball gegen die Wand. Er fängt ihn, wirft ihn so auf den Boden, dass er gegen die Wand springt und dann wieder bei ihm landet – plopp, plopp.

„Du nervst", sagt Anna und rollt mit den Augen.

„Ich seh das gar nicht ein", gibt Oscar wütend zurück. „Wieso packen wir alles zusammen?"

„Kannst du nicht lesen?", fragt Neyla und deutet auf die Pinnwand, an der immer noch das Kündigungsschreiben hängt.

„Sollen sie uns doch erst mal einen anderen Raum geben", mault Oscar.

„Sie sind mit der Kirche im Gespräch. Vielleicht dürfen wir in den Gemeinderaum", sagt Rike beschwichtigend.

„Da ist es blöd", entgegnet Oscar. „Wir können nicht Fußball spielen und es gibt keinen Garten und nichts. Ich will da nicht hin. Ich will hierbleiben."

„Das wollen wir alle", sagt Rike, die ihre Arbeit kurz unterbrochen hat, um ihren Arm um Oscars Schulter zu legen. „Wir bringen jetzt erst mal die Kisten ins Gemeindehaus. Dort stehen sie sicher. Und vielleicht können wir sie ja schon bald wieder auspacken. Komm, hilf mit." Sie gibt Oscar einen kleinen Klaps auf den Arm und zieht ihn mit in ihr Büro. „Du bist doch der Computerexperte. Kannst du so lieb sein und den Drucker einpacken und das Druckerpapier? Nimm dir einen Karton von drüben und beschrifte ihn auch. Sonst suchen wir nur noch."

Widerwillig beginnt Oscar, die Kabel aus den Steckdosen zu ziehen und sie zusammenzurollen. Er ärgert sich darüber, wie schnell alle klein beigeben. Rike hätte mehr kämpfen müssen, denkt er. Jeder von uns hätte mehr kämpfen müssen. „Und was ist, wenn wir die Villa besetzen? Wenn wir uns nicht vertreiben lassen? Was machen die dann?", ruft er den anderen von Rikes Büro aus zu.

„Ganz einfach – irgendwelche Leute holen unsere Sachen heraus und werfen sie in den Müll. Wir können die Kündigung nicht ignorieren, Oscar. Die Villa gehört uns nicht. Sie gehört der Stadt und die Stadt sagt, es ist hier vielleicht zu gefährlich für uns", erklärt Rike.

„Quatsch", erwidert Oscar. „Die Stadt sagt ‚Prima, dann können wir die Villa abreißen und unsere Straße da entlangbauen und die Marzheimer sind froh, dass sie den Lärm und Dreck der Lkws nicht haben.'"

Oscar hat alles verpackt und setzt sich nun auf Rikes Schreibtischstuhl, auf dem er sich nach links und nach rechts dreht. Dass ihm niemand mehr auf seine Aussage antwortet, wertet er als allgemeine Zustimmung. Durch das Fenster sieht er das Auto von Daniel, das vor der Villa parkt. Rike läuft ihm schon mit einem Karton entgegen, den sie in Daniels Kofferraum stellt. Neyla und Steffi tragen eine weitere Kiste hinaus, gefolgt von Anna und Christin, die ebenfalls den Kofferraum beladen wollen.

„Du kannst den Drucker auch rausbringen", ruft Rike Oscar zu.

Oscar hebt den Karton an und will ihn gerade hinaustragen, als Rike ihn fragt, ob er daran gedacht habe, ihn zu beschriften. Er stellt die Kiste zurück auf den Schreibtisch. „Was ist mit dem Telefon?", fragt er.

„Lass das erst mal stehen. Wir brauchen es vielleicht noch", antwortet Rike.

Oscar sucht nach einem Stift, findet aber keinen. Das Büro der Sozialarbeiterin ist nahezu leer geräumt. Eigentlich würde es ihm nicht im Traum einfallen, die Schubladen von Rikes Schreibtisch zu öffnen, aber nachdem die Suche nach einem Stift erfolglos geblieben ist, tut er es nun doch. In der obersten Schublade findet er einen Edding und einen Zettel. Und was er darauf liest, verschlägt ihm fast die Sprache.

23. Kapitel

Anna rutscht ungeduldig auf ihrem Stuhl herum. Ihre Eltern lassen sich so viel Zeit beim Essen, dass sie verrückt werden könnte. *Ihr glaubt nicht, was ich gerade gesehen habe,* das war das Einzige von Oscars Nachricht, was sie noch bei WhatsApp lesen konnte, bevor ihre Mutter ihr das Handy aus der Hand genommen hat. Kein Handy beim Essen, diese eiserne Regel hat ihre Mutter aufgestellt, kurz nachdem ihr Vater Bürgermeister geworden ist. Es stimmt schon, das ewige Klingeln und Brummen hat Anna auch genervt, aber schließlich ging es da um das Telefon ihres Vaters. Nun gibt es diese Regel plötzlich für alle.

Anna fährt mit ihrer Gabel durch die Tomatensoße auf ihrem Teller. Was hat Oscar gesehen?, fragt sie sich ununterbrochen. Einige weitere Nachrichten müssen sie erreicht haben, das Handy hat mehrmals gepiept, bevor ihre Mutter es in den Flur gelegt hat. Anna kann dem Gespräch am Tisch nicht folgen. Es interessiert sie sowieso meistens nicht, was ihr Vater aus dem Büro zu erzählen hat. Heute aber bekommt sie wirklich gar nichts davon mit.

Hat sie es doch richtig im Gespür gehabt. Irgendetwas stimmte nicht mit Oscar, nachdem sie die Kartons in Daniels Auto gebracht hatten. Plötzlich hat er es unheimlich eilig gehabt und wollte sofort weg. Er hat sich kaum verabschiedet. Aber Anna fing einen Blick von ihm auf, als er sich einmal kurz zu ihr umgedreht hat. Einen Blick, der nur für sie bestimmt gewesen ist. Die Situation war merkwürdig. Wie ein Verschworener hat er sie angesehen und erschien ihr auch ein bisschen bleich. Und nun diese geheimnisvolle Nachricht.

Ungeduldig beobachtet Anna, wie sich ihr Vater einen Nachschlag aus der Küche holt. Er ist in Plauderlaune und strahlt über das ganze Gesicht. Anna hat keine Ahnung, worüber sie sprechen, als ihre Eltern miteinander lachen.

„Kann ich aufstehen?", fragt sie vorsichtig, aber die Mutter legt ihr die Hand auf den Arm und drückt sanft. Ein sicheres Zeichen, dass sie sitzen bleiben muss. Wenn sie wenigstens schon lesen könnte, worum es geht. Bestimmt hat Oscar den anderen bereits verraten, welche Entdeckung er gemacht hat, und nur sie weiß noch nichts davon.

Endlich beginnt ihre Mutter, die Teller zusammenzustellen. Anna will gerade vom Tisch aufspringen, als ihr Vater sie zurückhält. „Ich hab eine gute Neuigkeit für euch", sagt er. „Ihr werdet wahrscheinlich einen Treffpunkt im Gemeindehaus bekommen."

Erwartungsvoll schaut Peter Frisch seine Tochter an. Seit der Kündigung der Villa ist das Verhältnis zwischen den beiden abgekühlt. Und obwohl Anna weiß, dass ihr Vater sie vor möglichen Gefahren schützen möchte, ist sie wütend über die Schließung. Es gefällt ihr nicht, dass ihr Vater nie nach einem anderen Weg gesucht hat, um den Treffpunkt zu erhalten. Und sie ist sich sicher: Wäre sie nicht seine Tochter, hätte er sich nicht mal um eine Alternative für die Jugendlichen bemüht.

Anna nickt. „Ich weiß, Rike hat schon so was gesagt."

„Und? Was meint ihr? Ist das nicht erst mal eine gute Lösung?"

Eine gute Lösung? Anna möchte am liebsten laut loslachen. Aber im Moment hat sie keine Zeit, um sich auf Diskussionen einzulassen. Sie will endlich an ihr Handy. „Klar", sagt sie im Rausgehen. „Wenn man sich gerne neben einem Friedhof trifft, dann ist das wirklich super."

„Am Montag ist eine Bürgerversammlung im Gemeindehaus. Da werden wir die Angelegenheit noch mal ganz genau besprechen. Vielleicht hat jemand einen anderen Vorschlag. Die alte Scheune zum Beispiel, die ist auch nicht schlecht!", ruft er ihr hinterher.

Die alte Scheune, denkt Anna spöttisch. Nichts funktioniert mehr in dem verfallenen Gebäude, weder Wasser noch Strom. Die Heizung läuft nicht, die Fensterscheiben sind eingeschlagen, es gibt keine ordentlichen Toiletten und das Dach ist schon lange undicht. Unglaublich, dass ihr Vater wirklich diesen Vorschlag macht. Sie hätte Lust, ihm das alles entgegenzuschleudern, aber im Moment gibt es wichtigere Dinge. Auf dem Weg in ihr Zimmer liest Anna die WhatsApp-Nachrichten auf ihrem Handy. Sie überfliegt die Zeilen, die Oscar und die anderen geschrieben haben.

Anna setzt sich auf ihr Bett und schaut nachdenklich aus dem Fenster. Nun versteht sie, warum Oscar so blass geworden ist, und nun versteht sie auch seinen verschwörerischen Blick. Nach kurzem Überlegen tippt sie *Bis gleich* in ihr Handy.

Sie schleicht die Treppe hinunter und öffnet die Haustür. Dann ruft sie laut: „Ich bin noch mal weg!", und zieht die Tür hinter sich ins Schloss. Bevor sie auf ihr Fahrrad steigt, hält sie einen Augenblick inne, aber niemand ist ihr nachgelaufen. Ihre Mutter winkt ihr mit einem Lächeln vom Küchenfenster aus zu und Anna lächelt zurück. Keine Fragen, die beantwortet werden müssen, stellt sie erleichtert fest.

24. Kapitel

Dass Oscar ausgerechnet die alte Scheune als Treffpunkt vorgeschlagen hat, kommt Anna wie ein schlechter Witz vor. Sie stellt ihr Fahrrad ab und betritt das verfallene Gebäude. Aufgeschreckte Tauben flattern nervös von einer Ecke in die andere. Oscar, Jacob, Kanzi und Neyla sitzen auf einer Mauer und diskutieren miteinander.

„Ich weiß nicht", sagt Neyla. „Ist das nicht ein bisschen unfair?" Sie kaut an ihren Fingernägeln und die Zweifel sind ihr ins Gesicht geschrieben.

Unaufgefordert holt Oscar sein Handy aus der Tasche und zeigt Anna das Foto, das er am Nachmittag im Büro der Sozialarbeiterin gemacht hat. Anna liest, was Rike in ihrer schnör- keligen Handschrift auf dem Zettel notiert hat. *Alte Wäscherei* steht da und darunter der Name und die Adresse des ehema- ligen Besitzers, aber keine Telefonnummer.

*Alte Wäscherei
Herbert Meyer
Rosenweg 5
15078 Heiterstadt*

„Das ist nicht weit weg", sagt Oscar aufgeregt.

„Wie sollen wir denn dahin kommen?", fragt Jacob.

„Mit dem Zug", antwortet Oscar. „Ich hab schon nach-gesehen. Dauert ungefähr eine Stunde."

„Aber Rike hat uns das verboten. Sie hat extra gesagt, dass wir uns da raushalten sollen", gibt Neyla zu be-denken.

„Und wenn sie erst weiß, dass Oscar in ihrem Schreib-tisch rumgeschnüffelt hat, dann bekommen wir richtig Ärger mit ihr", pflichtet Kanzi ihr bei.

„Ich hab nicht geschnüffelt!", ruft Oscar aufgebracht. „Das war Zufall, weil ich einen Stift gesucht habe. Ich wusste doch gar nicht, dass Rike die Adresse hat. Be-stimmt hat sie die von Daniel."

„Und was machen wir nun?", fragt Neyla nachdenklich.

Alle schauen zu Anna, die stehen geblieben ist und jetzt mit eindringlicher Stimme sagt: „Wir haben uns geschwo-ren, dass wir kämpfen werden. Und das sollten wir jetzt auch tun. Ich bin dafür, dass wir uns Tickets kaufen und dem Herrn mal einen Besuch abstatten."

„Aber wir fallen Rike in den Rücken", sagt Kanzi be-troffen.

„Trotzdem müssen wir das machen. Rike kann auch nichts ausrichten. Denkt ihr, dass sie dorthin fährt, um mit dem Mann zu reden? Das müssen wir schon selbst erledigen. Am nächsten Montag ist Bürgerversammlung. Bis dahin müssen wir mit ihm gesprochen haben. Lasst uns gleich morgen fahren."

„Morgen schon?", fragt Jacob erschrocken.

„Willst du etwa warten, bis Daniel hinfährt?", faucht Oscar.

„Das wäre sehr ärgerlich", meint Anna. „Und außer-dem, vielleicht ist auch alles ganz harmlos und die haben gar nichts Verbotenes vergraben. Die beste Gelegenheit, um das zu sagen, ist ja wohl die Bürgerversammlung."

„Und wenn es doch etwas Gefährliches war?", fragt Neyla.

„Dann soll er es zugeben und Geld spenden, damit das wieder in Ordnung gebracht werden kann", antwortet Oscar entschlossen.

„Ich weiß nicht", sagt Jacob zögerlich. „Wir sollten uns da lieber nicht einmischen. Und wenn wir in den Gemeindesaal können, wäre das eigentlich gar nicht so schlecht."

„Genau", pflichtet Kanzi ihm bei. „Vielleicht ist der Mann auch gefährlich und verprügelt uns."

„Ha!", ruft Anna. „So weit kommt es noch. Ich lass mir doch keine Angst machen. *Der* sollte Angst haben und nicht wir."

Jacob scharrt mit den Schuhen ein Muster in den Sand. Er hat keine Ahnung, wie er die anderen von ihren Reiseplänen abbringen kann. Sie wirken derart entschlossen und wütend, dass sie sich von nichts überzeugen lassen werden.

„Wollen wir nicht Martin und Tobi fragen, ob sie mitkommen? Die sind stärker als wir", sagt Kanzi und die Angst ist ihm ins Gesicht geschrieben.

Jacob schlägt das Herz bis zum Hals. Das fehlt ihm noch, dass die beiden Spinner dabei sind und sich als große Beschützer fühlen!

„Quatsch", sagt Anna. „Das ist unsere Sache. Die beiden kümmern sich doch um gar nichts mehr, was mit der Villa zu tun hat. Die brauchen wir nicht. Das schaffen wir ganz allein."

„Weißt du, wie die sich aufspielen, wenn wir sie mitnehmen? Das machen wir auf keinen Fall", stimmt Oscar ihr zu.

„Bleib hier, wenn du Angst hast", sagt Anna schließlich zu Kanzi.

„Nein", entrüstet sich dieser. „Ich lass euch doch nicht allein zu dem Ungeheuer."

„Wir sollten lieber erst mal versuchen, seine Telefonnummer herauszubekommen", wirft Jacob kleinlaut ein.

„Quatsch", sagt Oscar. „Wir müssen ihn richtig überraschen, damit er sich nicht irgendwelche Storys einfallen lassen kann."

„Genau", pflichtet Kanzi ihm bei. „Vielleicht haut er ab, wenn er gewarnt ist."

„Der muss bezahlen für das, was er gemacht hat", sagt Anna entschlossen.

Die anderen nicken zustimmend. Verzweifelt sucht Jacob nach guten Argumenten, die gegen diesen Besuch sprechen, aber ihm fällt beim besten Willen nichts mehr ein. Er möchte auf keinen Fall mitfahren, doch eine rettende Ausrede hat er auch nicht parat.

Und dann hält Anna wieder ihre Hand in die Mitte, wie schon vor ein paar Tagen. Dieses Mal will Jacob schneller sein als die anderen. Dieses Mal soll seine Hand genau auf der von Anna liegen. Und ohne weiter zu überlegen, schlägt Jacob ein. Eine spontane Entscheidung, die er Sekunden später bereut.

25. Kapitel

Jacob sitzt am Küchentisch und hat schweißnasse Hände. Noch keinen Bissen hat er an diesem Morgen heruntergekommen. Immer wieder schaut er auf die große Uhr über der Tür. Die Minuten vergehen schneller als gewünscht. Es ist kurz nach neun. Jacob hat sich extra den Wecker gestellt, aber er ist schon lange Zeit vorher wach geworden. Er hat geduscht, Zähne geputzt, sich angezogen und seine Haare in Form gebracht. Und bei jeder dieser Handlungen hat er sich gefragt, warum er das tut. Eigentlich hatte er doch entschieden, auf keinen Fall mit den anderen zum Bahnhof zu gehen. Er hätte also im Bett bleiben und sich die Decke über den Kopf ziehen sollen. Einfach so tun, als sei er gar nicht zu Hause.

Ole liegt in seinem Körbchen und schaut ihn an, beinahe vorwurfsvoll, findet Jacob. Wie wunderbar es wäre, wenn er sich von Ole einen Rat holen könnte. Und wenn ich einfach sage, dass Ole krank ist und ich mit ihm zum Tierarzt muss?, denkt Jacob. Niemand könnte ihm das Gegenteil beweisen. Obwohl es vielleicht schon ein bisschen auffallen würde, dass erst er selbst krank war und nun der Hund.

In einer Stunde muss er spätestens los. Er könnte sich etwas verspäten, gerade so viel, dass er den Zug knapp verpasst. Am besten wäre es, wenn die anderen noch sehen würden, wie er auf den Bahnsteig gerannt kommt und verzweifelt versucht, die bereits geschlossene Zugtür zu öffnen.

Ole erhebt sich langsam und schüttelt sich ausgiebig. Wie ein energisches NEIN fliegt sein Kopf von links nach rechts. Jacob vergräbt seine Finger in dem wuscheligen Fell und sagt: „Weiß ich selbst, Ole. Ist doch alles Quatsch."

Plötzlich klingelt es an der Tür. Unter lautem Gebell des Hundes geht Jacob aus der Küche und hört schon ein Stimmengewirr von draußen. Einen Moment lang überlegt er, ob er wirklich öffnen soll. Aber durch das schmale Glasfenster in der Eingangstür werden die anderen ohnehin seine Silhouette gesehen haben.

„Komm, es geht los", sagt Oscar und schaut ihn erwartungsvoll an.

Kanzi, der neben Oscar steht, trägt einen kleinen blauen Rucksack. Als würden wir auf Wanderschaft gehen, denkt Jacob. Dabei wird das, was ihm bevorsteht, alles andere als ein netter, gemütlicher Ausflug mit Freunden werden.

„Jetzt schon?", fragt Jacob und schaut zweifelnd auf seine Uhr. „Was ist mit den Mädchen?", schiebt er hinterher und hofft, dass die beiden von ihrem gemeinsamen Plan abgerückt sind.

„Die sind am Bahnhof, Anna holt Tickets für uns. Sie hat gesagt, dass wir bei dir vorbeigehen sollen, weil doch dein Handy kaputt ist", antwortet Oscar.

„Aber warum schon jetzt?"

„Anna hat den Treffpunkt und die Zeit aus Versehen an Martin geschickt und nicht an Neyla. Und nun hat sie Angst, dass er glaubt, dass Anna ihn treffen will. Wir fahren einfach eine Stunde eher und Martin steht umsonst am Bahnhof." Oscar grinst und zwinkert Jacob zu. Dann kommt er ein bisschen dichter heran und flüstert: „Merkst du was? Das mit Martin ist vorbei. Das ist deine Gelegenheit, deine große Stunde. Sie will unbedingt, dass du dabei bist."

Jacob nickt und zieht sich wie in Zeitlupe seine Schuhe an. Es hat keinen Sinn, denkt er, aus dieser Sache komme ich nicht mehr raus. Als die Tür hinter ihm ins Schloss fällt, ist er fast ein bisschen beruhigt. Wenigstens ist das Hin und Her nun endlich vorbei.

Die drei Jungen laufen zügig in Richtung Bahnhof. Kanzi dreht sich ständig um, so als vermutete er, man könnte sie verfolgen. Drei Jungen, die morgens um halb zehn in den Ferien unterwegs sind – was sollte daran ungewöhnlich sein?

Als sie den Bahnhofsplatz erreichen, schauen sie sich nach den Mädchen um. Schließlich entdecken die Jungen sie neben dem Kiosk – und sofort stockt ihnen der Atem: Daniel steht bei Neyla und Anna.

„Was will der hier?", zischt Jacob seinem Freund zu.

„Keine Ahnung", antwortet Oscar.

Nur Kanzi läuft freudestrahlend auf die Gruppe zu, offensichtlich erleichtert über die zu erwartende Verstärkung. Im letzten Moment fängt er einen strengen Blick von Neyla auf und kehrt um, bevor Daniel ihn entdeckt. Sie deutet mit einer leichten Kopfbewegung an, dass die drei Jungen schon auf den Bahnsteig gehen sollen.

Als die Mädchen endlich auch an das Gleis kommen, ist von dem Reporter weit und breit nichts zu sehen.

„Mann", stöhnt Anna grinsend. „Ich dachte, der will sich jetzt auch auf den Weg zum Meyer machen. Das wäre ziemlich blöd gewesen."

„Kommt Daniel nicht mit?", fragt Kanzi, der als Einziger ein wenig enttäuscht zu sein scheint.

„Nein", sagt Anna bestimmt. „Das schaffen wir ganz allein."

26. Kapitel

Die Jungen und Mädchen gehen durch eine Siedlung mit Einfamilienhäusern. Die richtige Hausnummer zu finden und dabei nicht aufzufallen scheint schwierig, denn oft stehen Namensschild und Nummer nicht direkt am Zaun. Das Wetter ist schön und viele arbeiten in ihren Gärten. Fünf fremde Kinder, die durch die Siedlung laufen, bleiben nicht unbemerkt.

Kanzi trödelt hinterher. Am liebsten würde er sich alle Blumen ganz genau ansehen. Die Eile der anderen kann er gar nicht verstehen, Herbert Meyer wird ihnen schon nicht davonlaufen. An einem Garten mit einem Rosenrundbogen am Tor bleibt er stehen. In den Beeten hockt eine ältere Dame mit einem riesigen Sonnenhut und jätet das Unkraut.

„Sie haben sehr schöne Rosen!", ruft Kanzi ihr zu, als sich ihre Blicke begegnen.

Die alte Dame wirkt zunächst ein wenig verunsichert, schaut ihn aber freundlich an. „Findest du?", fragt sie, steht auf und kommt ein bisschen näher an den Zaun gelaufen.

„Ich liebe Blumen", antwortet Kanzi. „Eigentlich liebe ich alles, was im Garten wächst. Aber Ihre Rosen sind besonders schön." Er hält seine Nase dicht an die Blumen und atmet tief ein.

„Das ist eine ganz seltene Sorte", sagt die Frau und kommt noch ein Stückchen näher. Sie lächelt Kanzi an und sagt: „Ungewöhnlich, dass sich so ein kleiner Junge für Blumen interessiert."

„Das liegt in der Familie", gibt Kanzi zurück. „Meine Großeltern züchten Rosen in Kenia."

„Ach wirklich?", fragt die Frau und lehnt sich nun über den Gartenzaun, wie man es sonst nur bei einer Plauderei mit vertrauten Nachbarn tut.

„Ja", sagt Kanzi. „Aber das machen sie nicht aus Spaß, das ist ihre Arbeit. Wussten Sie, dass mehr als zwanzig Prozent der Rosen, die man hier das ganze Jahr über im Supermarkt kaufen kann, direkt aus Kenia stammen? Also eigentlich von meinen Großeltern?"

Die Frau ist erstaunt. „Mehr als zwanzig Prozent? Nein, das wusste ich nicht."

„Das ist auch gar nicht gut", erklärt Kanzi. „Denn die Rosen brauchen ja Unmengen an Wasser und in Afrika ist das Wasser sehr knapp."

Die Frau nickt nachdenklich und sagt: „Ja, das weiß man eigentlich."

„Und in den Gewächshäusern werden giftige Chemikalien eingesetzt und die Arbeiter atmen das alles ein. Aber wenn sie sich beschweren, verlieren sie ihren Job. Also sagen sie nichts und viele werden schrecklich krank."

„Das ist schlimm", sagt die Frau und schaut Kanzi mitleidig an.

„Wenn alle Menschen im Winter einfach keine Rosen mehr kaufen würden, dann wäre das eine gute Sache, oder?"

„Ja, das wäre gut."

„Aber die meisten wissen das gar nicht. Das finde ich traurig."

„Ja, da hast du recht", sagt die Frau. „Du scheinst ein kluger kleiner Junge zu sein. Wohnst du hier? Ich habe dich noch nie gesehen."

„Nein, ich suche nur jemanden", sagt Kanzi und blickt sich erschrocken um. Durch die Unterhaltung mit der Frau hat er die anderen völlig aus den Augen verloren. Sie sind ein ziemliches Stück von ihm entfernt auf der gegenüberliegenden Straßenseite. „Ich muss los", sagt Kanzi und winkt der Frau zum Abschied zu.

„Wen denn? Vielleicht kann ich dir helfen!", ruft sie ihm hinterher.

„Einen Herrn Meyer. Er soll hier irgendwo wohnen."

„Herbert Meyer?", fragt die Frau und streckt den Kopf über den Gartenzaun.

Kanzi bleibt stehen und nickt.

„Das ist mein Mann", sagt die Frau und schaut ihn verwundert an.

Kanzi reißt die Augen erschrocken auf. Er kann nicht glauben, dass diese nette Dame mit einem Monster verheiratet ist. „Neyla!", ruft Kanzi laut. Und als sich seine Schwester umdreht, winkt er sie und die anderen zu sich. „Das ist Frau Meyer", sagt er, als die Gruppe bei ihm am Gartentor angekommen ist.

Die Jungen und Mädchen betrachten neugierig die ältere Dame, die ihnen freundlich zulächelt. „Ihr wollt zu meinem Mann?"

„Ja", sagt Kanzi. „Wir wollen ihn sprechen wegen der Wäscherei, die er mal hatte."

„Die Wäscherei in Marzheim?", fragt Frau Meyer.

„Genau", antwortet Neyla, aber ihr Ton lässt nichts Gutes ahnen.

Kanzi ergänzt schnell: „Wir sind nämlich auch aus Marzheim und wollten Ihren Mann etwas fragen."

„Ach? Das ist ja schön. Besuch aus Marzheim. Ich freue mich immer, etwas aus der alten Heimat zu hören. Dann kommt mal rein, mein Mann ist hinten auf der Terrasse." Sie öffnet das Gartentor weit und die Kinder laufen durch den blühenden Rundbogen.

„Toll", sagt Kanzi und atmet noch einmal tief ein.

Frau Meyer streichelt ihm über den Kopf und lacht. Sie geht voraus durch den Garten, vorbei am Haus. Als sie sich ein kleines Stück von den Kindern entfernt hat, hält Neyla ihren Bruder am Oberarm fest und zischt ihm ins Ohr: „Halt die Klappe, Kanzi. Was soll das? Sie sind nicht unsere Freunde. Hast du das schon vergessen?"

27. Kapitel

Herbert Meyer sitzt am Gartentisch, liest Zeitung und blickt freundlich auf, als er die Kinder sieht.

„Schau mal, Besuch aus Marzheim", sagt seine Frau und streichelt ihm leicht über den Arm.

Herbert Meyer erhebt sich langsam von seinem Stuhl und streckt den Kindern zur Begrüßung die Hand entgegen. „Das ist ja eine Überraschung. Wie kommen wir zu der Ehre?"

Oscar würde am liebsten sofort loslegen, aber bevor er etwas sagen kann, wird er von Frau Meyer sanft in einen Stuhl gedrückt.

„Setzt euch doch erst mal", fordert sie auch die anderen auf und klappt gemeinsam mit ihrem Mann noch ein paar Stühle auf, die an die Hauswand gelehnt sind. „Was möchtet ihr trinken? Limonade vielleicht? Und wollt ihr Kekse?"

„Eigentlich möchten wir gar nichts", sagt Anna entschlossen.

Kanzi widerspricht ihr: „Ich hätte gerne Limonade. Und Kekse auch. Wir müssen etwas mit Ihnen besprechen und das kann länger dauern." Er erntet einen bösen Blick von Neyla, den er mit einem unbekümmerten Schulterzucken beantwortet.

„Oh, ihr macht es aber spannend", sagt Frau Meyer lachend und geht zusammen mit ihrem Mann ins Haus.

Kurz darauf kommen die beiden mit einem Tablett mit Limonade, Gläsern und einem Teller Kekse zurück. Sie verteilen die Gläser auf dem Tisch und Frau Meyer gießt jedem der Kinder Limonade ein.

Jacob fühlt sich unwohl. Er hätte nicht mitfahren sollen, denkt er und kaut an seinem Fingernagel herum. Er mag das Ehepaar, es ist nett und gastfreundlich. Sofort sind ihm die blauen Augen der Frau aufgefallen, die selbst dann zu strahlen scheinen, wenn sie gar nicht lächelt.

Als das Paar endlich gemeinsam mit den Kindern am Tisch sitzt, ist es plötzlich sehr still. Die Kinder schauen einander unruhig an, nur Kanzi interessiert sich vor allem für die Kekse.

„Ihr wollt also etwas über die Wäscherei wissen", sagt Frau Meyer.

„Über die Wäscherei?", fragt ihr Mann erstaunt.

Oscar räuspert sich und tritt leicht gegen Jacobs Bein. Aber Jacob reagiert nicht. Er denkt gar nicht daran, das Gespräch zu beginnen. Schließlich war es nicht seine Idee, das Ehepaar aufzusuchen. Ganz im Gegenteil. Nichts wünscht er sich mehr, als jetzt zu Hause zu sein und mit Ole im Garten herumzutollen.

Endlich fasst sich Anna ein Herz und sagt: „Es gibt wegen Ihrer Wäscherei ziemlichen Ärger in Marzheim. Das Gebäude von früher ist nämlich unser Jugendtreff und nun muss er geschlossen werden."

„Ein Jugendtreff", wiederholt Herr Meyer freudig überrascht. „Das ist toll. Eine gute Idee. Ich hab mich schon oft gefragt, was wohl aus dem Haus geworden ist. Eigentlich dachte ich, dass es längst abgerissen wurde."

„Warum wird er denn geschlossen?", fragt die Frau betroffen.

„Na, wegen Ihnen", platzt es aus Oscar heraus.

„Wegen uns?", fragt Herr Meyer erschrocken.

„Ja", erklärt Neyla, „wegen der Fässer, die Sie vergraben haben."

„Fässer? Was für Fässer denn?", fragt Frau Meyer und schaut ihren Mann unsicher an.

Der scheint einen Moment nachzudenken, dann zuckt er mit den Schultern und sagt: „Ich hab keine Ahnung, wovon ihr redet."

Anna wühlt wütend in ihrer Tasche herum und wirft schwungvoll den Stadtanzeiger auf den Tisch. „Seite zwei", sagt sie böse.

Während Herr Meyer seine Brille aufsetzt und in der Zeitung zu blättern beginnt, werfen sich die Kinder ver-

schwörerische Blicke zu. Jacob schaut auf den Boden und zupft nervös an seinem T-Shirt.

„Was soll das?", fragt Herr Meyer und reicht seiner Frau die Zeitung herüber.

„Das Foto ist im Internet veröffentlicht worden. Und er hat ähnliche Bilder bei seinem Opa gefunden", sagt Anna triumphierend und deutet auf Jacob.

„Bei seinem Opa? Wer ist denn dein Opa?"

Jacob hat einen Kloß im Hals. Er möchte weg, bloß weg und das so schnell wie möglich. Die beiden alten Leute tun ihm schrecklich leid, sämtliche Fröhlichkeit ist aus ihren Gesichtern verschwunden. „Fritz Hellmann war mein Opa. Aber er ist tot", sagt er leise.

„Fritz Hellmann? Dann bist du der Sohn vom Thomas, ja? Den Fritz, den kannte ich gut. Wir waren Freunde, weißt du?"

28. Kapitel

Aufgeregt schwatzend laufen Neyla, Oscar und Anna in Richtung Bahnhof, Kanzi und Jacob trotten schweigend hinter ihnen her.

„Hast du gesehen, wie der Mann gezittert hat?", fragt Kanzi vorsichtig.

Jacob nickt und spürt, wie ihm die Tränen in die Augen steigen. Natürlich hat er es auch gesehen. Und er hat sich sofort Sorgen um das Ehepaar gemacht. Wie traurig die beiden geschaut haben, als die Vorwürfe auf sie eingeprasselt sind. Das alles hätte niemals passieren dürfen, denkt Jacob und beißt sich auf die Unterlippe.

„Unverschämt, wie der uns angelogen hat", empört sich Oscar, als sie wieder im Zug sitzen.

„Er weiß genau, dass es ein Beweisfoto gibt, und streitet alles ab. Hätte ich nicht gedacht, dass er sich das traut", sagt Neyla aufgebracht.

„Aber als du das mit der Anzeige bei der Polizei gesagt hast, da hat er ganz schön blöd geguckt", feixt Oscar.

„Ist doch auch richtig", sagt Anna. „Er hatte ja die Chance, uns die Dinge zu erklären. Aber wenn er alles abstreitet, dann wird er sehen, was er davon hat."

„Ich fand das blöd von euch, wie ihr mit denen geredet habt", sagt Kanzi. „Ihr wart ziemlich gemein. Mir haben die beiden nur leidgetan. Sie waren total nett und als wir gegangen sind, da waren sie so traurig. Ich glaube, die Frau hat sogar ein bisschen geweint." Einen Moment lang wird es still und alle sehen Kanzi an. Offenbar angestachelt von der Aufmerksamkeit fügt er leise hinzu: „Und Jacob und ich, wir mussten auch fast weinen. Stimmt's, Jacob?"

„Was?", fragt Neyla zweifelnd. „Ihr habt Mitleid mit denen? Habt ihr das denn nicht gemerkt? Die tun nur so nett und freundlich. Der Meyer ist ein Verbrecher und leugnet alles. Er sieht es schwarz auf weiß und streitet es trotzdem ab! Und der tut euch leid? Ihr spinnt doch."

„Genau", pflichtet Oscar ihr bei. „Der hat nichts anderes verdient als eine Anzeige bei der Polizei."

Während die drei sich weiter über das Verhalten des Wäschereibesitzers empören, geht es Jacob immer schlechter. In seinem Hals wird es eng und in seinem Magen rumort es so heftig, dass er Angst hat, sich übergeben zu müssen. Ständig tauchen die Bilder des Ehepaars in seinem Kopf auf. Frau Meyer, wie sich ihre strahlend blauen Augen mit Tränen füllen, und Herr Meyer, der verzweifelt nach Antworten sucht.

Jacob würde sich gern in ein Abteil setzen, das weit weg von den anderen ist. Höchstens Kanzi dürfte bei ihm sein, aber am liebsten wäre er ganz allein. Das Lachen und den Triumph seiner Freunde kann er nicht ertragen. Er denkt an seinen Opa und an seine Oma und an die Geschichte, die ihnen passiert ist in dem Jahr, in dem seine Oma starb. Damals war sie schon sehr krank und konnte sich kaum noch orientieren. Sie wusste nicht mehr, wer Jacob ist, und selbst ihren eigenen Sohn, Jacobs Vater, erkannte sie nur manchmal. Beim Einkaufen im Supermarkt hatte sein Opa sie einen ganz kurzen Moment aus den Augen gelassen und schon war sie mit dem vollen Einkaufswagen nach draußen gelaufen, ohne zu bezahlen. Es hatte eine riesige Aufregung gegeben und der Supermarktleiter hatte die Polizei gerufen. Jacob kann sich sehr gut an die Verzweiflung seiner Großeltern erinnern und auch an die Vorwürfe seines Vaters, weil Opa einen Moment lang nicht aufgepasst hatte.

Immer wieder hatte seine Oma gejammert: „Ich habe einen großen Fehler gemacht und jetzt kommen wir alle ins Gefängnis." Und dabei waren ihr die Tränen über die Wangen gelaufen und nichts und niemand hatte sie beruhigen können. Selbst als die Situation längst geklärt war und man von einer Anzeige abgesehen hatte, blieb ausgerechnet diese Geschichte im Gedächtnis seiner Oma haften, obwohl sie sonst fast alles vergaß. Und genauso verzweifelt wie seine Oma ist eben auch das Ehepaar Meyer gewesen. Jacob starrt aus dem Fenster und muss schniefen. Er spürt, dass die anderen ihn fragend ansehen, aber das ist ihm egal.

Als sie den Bahnhof von Marzheim erreicht haben, ist Jacob froh, dass er sich verabschieden und endlich allein sein kann. Die Stimmung ist gedrückt und von der Freude über den vermeintlichen Erfolg ist bei keinem mehr etwas zu spüren.

Anna atmet tief durch und sagt: „Ich finde es gut, dass ihr alle dabei gewesen seid. Wir werden sehen, was jetzt passiert. Aber ich bin wirklich froh, dass wir das zusammen durchgezogen haben." Dann nimmt sie jeden ihrer Freunde in den Arm und gibt jedem einen Kuss auf die Wange. Jedem.

Als Jacob, noch verwirrt von Annas Kuss, das Haus betritt, blinkt der Anrufbeantworter. Er drückt auf die Play-Taste und hört die ernste Stimme seiner Schwester: „Jacob, ruf mich bitte an, ich muss mit dir reden."

29. Kapitel

Jacobs Hände zittern, als er Lisas Nummer ins Telefon tippt. Vor der letzten Ziffer legt er wieder auf. Ich kann sowieso nichts sagen, denkt er, ich muss mich erst beruhigen. Lisas Stimme hat ihm Angst gemacht. Das letzte Mal hat sie in dieser Tonlage mit ihm gesprochen, als sie ihm erklären musste, dass ihr Opa gestorben ist. Jacob unternimmt noch zwei weitere Versuche, drückt aber immer wieder auf den Knopf, ohne ein Rufzeichen abzuwarten.

Was mache ich jetzt, was mache ich jetzt? Es hämmert in seinem Kopf und er kann keinen klaren Gedanken fassen. Erst mal muss ich Lisas Nachricht löschen, beschließt er. Sein Vater darf sie auf keinen Fall hören.

Genau in dem Moment, als er die Taste *Löschen* gedrückt hat, hört er das Auto seines Vaters in der Einfahrt. Jacob legt Ole die Leine an und öffnet die Haustür. Sein Herz schlägt so wild, dass er Angst hat, sein Vater könne es hören.

Fröhlich pfeifend steigt Thomas Hellmann aus dem Auto, holt eine Einkaufstüte aus dem Kofferraum und schlendert Jacob gut gelaunt entgegen. „Gehst du mit Ole spazieren oder kommt ihr gerade zurück?", fragt er.

„Wir gehen erst los", antwortet Jacob schnell und macht sich auf den Weg. Weitere Gespräche mit seinem Vater möchte er im Moment vermeiden, er hat ganz andere Sorgen.

„Heute Abend bin ich bei Familie Frisch. Willst du mitkommen?", hört er seinen Vater noch rufen.

Jacob schüttelt den Kopf und läuft los, ohne das genaue Ziel zu kennen. Ole scheint etwas irritiert, er zieht an der Leine und will unbedingt zum See. Aber Jacob muss in Richtung Stadt. Dort gibt es bestimmt irgendwo eine öffentliche Telefonzelle, aus der er seine Schwester anrufen kann. Kurz fragt er sich, ob er seinen Vater doch um dessen altes Handy bitten soll. Wenigstens für dieses eine Telefonat würde es reichen, aber dann fällt ihm ein, dass der Akku nicht geladen sein wird und es deshalb sowieso nicht zu gebrauchen wäre. Gedankenverloren läuft Jacob mit Ole die Straße entlang und überlegt, ob es in der alten Post noch ein öffentliches Telefon geben könnte oder vielleicht am Marktplatz. Keinesfalls kann er Lisa von zu Hause aus anrufen, jedenfalls nicht, solange sein Vater da ist. Ich melde mich erst heute Abend bei ihr, denkt er, wenn Papa bei Familie Frisch ist. Aber dann schaut er auf die Uhr und hat Sorge, dass Lisa ungeduldig wird und erneut bei ihnen anruft. Dass sein Vater den Anruf entgegennimmt, will Jacob auf jeden Fall verhindern.

Am Laternenpfahl vor der Post bindet er Oles Leine fest und kramt Kleingeld aus seinem Portemonnaie. Als er in der Telefonzelle verschwindet, beginnt Ole laut zu bellen. Hastig tippt er Lisas Nummer ein und nach nur einem Rufzeichen hat er sie am Apparat.

„Lisa", sagt Jacob mit schuldbewusster Stimme.

„Jacob", antwortet sie und stockt einen kurzen Moment. „Ich hab gestern auf der Station das Buch vorgelesen."

Welches Buch?, möchte er am liebsten fragen, aber er weiß natürlich sofort, wovon Lisa spricht. Jetzt ist sowieso alles egal, jetzt kann ich ihr die Geschichte erzählen und dann ist es endlich vorbei, denkt er und fühlt sich direkt ein wenig erleichtert. Die Worte sprudeln aus ihm heraus, alles das, was sich in der letzten Zeit aufgetürmt hat wie ein riesiger, scheinbar unüberwindbarer Berg. Mit jedem Satz, den er spricht, und mit jeder Träne, die ihm währenddessen über die Wange läuft, scheint dieser Berg zu schrumpfen. Lisa hört nur zu. Sie unterbricht ihn nicht, sie schimpft nicht, sie wird nicht laut, ist nicht genervt oder böse. Viele Minuten vergehen und als Jacob alles losgeworden ist, was ihn bedrückt hat, ist er unheimlich froh.

„Du musst mit Papa reden", sagt Lisa schließlich ruhig, aber bestimmt.

„Das geht nicht, Lisa, er ist so glücklich im Moment. Ich kann ihm das nicht sagen, ich weiß gar nicht wie. Ich hab Angst."

„Das glaube ich dir, Jacob, aber es muss trotzdem sein. Du brauchst jetzt Hilfe."

„Kannst du nicht kommen?", fragt er hoffnungsvoll. „Bitte, Lisa."

„Ich kann nicht. Ich hab am Wochenende Dienst, den kann ich nicht tauschen. Tut mir leid. Ich würde wirklich gerne kommen, aber es geht beim besten Willen nicht."

Jacob atmet tief ein und fühlt wieder Verzweiflung in sich hochsteigen. „Ich weiß gar nicht, wie ich Papa das sagen soll."

„Ich überlege mir was", sagt Lisa. „Ich rufe nachher noch mal an, okay?"

„Okay", antwortet Jacob. „Aber erst später, wenn Papa weg ist. Er geht heute Abend zu den Frischs. Bestimmt wollen sie das Bauprojekt besprechen."

„In Ordnung. Und mach keinen Quatsch bis dahin, Jacob. Versprich mir das. Es wird alles gut werden, du wirst sehen."

Auf dem Weg nach Hause lässt sich Jacob viel Zeit. Im Kopf spielt er mehrere Möglichkeiten durch, wie er seinem Vater von den Ereignissen berichten könnte und wie dieser darauf reagieren würde. An einer Bank am See machen er und Ole Pause. Auf der anderen Seite sieht er Menschen im Wasser schwimmen, ab und zu hallt fröhliches Geschrei bis zu ihm herüber. In diesem Moment fragt sich Jacob, ob er jemals in seinem Leben wieder glücklich sein wird, denn er ist sich sicher, dass er bald keinen einzigen Freund mehr haben wird. Und plötzlich verliert der Gedanke an einen bevorstehenden Umzug seinen Schrecken.

30. Kapitel

Zu Hause stellt Jacob zufrieden fest, dass sein Vater bereits weg ist. Auf dem Küchentisch liegt ein Zettel: *Mach dir die Pizza warm.*

Jacob hat keinen Hunger. Er setzt sich in den Garten und starrt auf das Telefon, das er neben sich ins Gras gelegt hat. Ole schleppt einen kleinen grünen Ball an, den er neben Jacobs Fuß fallen lässt. Auffordernd schaut er ihn an. Eigentlich hat Jacob keine Lust zum Spielen, andererseits hat er aber auch keine andere Idee, wie er sich bis zu dem ersehnten Anruf von Lisa ablenken könnte. Gelangweilt wirft er den Ball einige Male hoch, Ole schnappt ihn und bringt ihn schwanzwedelnd zurück. Plötzlich klingelt es an der Haustür und beide erschrecken. Lisa, denkt Jacob erleichtert und springt auf, aber auf dem Weg zur Tür fällt ihm ein, dass seine Schwester einen Schlüssel besitzt und nicht klingeln würde.

Als er nach kurzem Zögern öffnet, verschlägt es ihm die Sprache. In seinen Ohren rauscht es und er hat das Gefühl, gleich umzukippen. Anna schaut ihn mit einem merkwürdigen Blick an, den er nicht deuten kann. Sie schiebt sich wie selbstverständlich an ihm vorbei ins Haus und sagt: „Lisa hat mich gerade angerufen." Dann geht sie durchs Wohnzimmer hinaus in den Garten, begrüßt den Hund und setzt sich auf die kleine Mauer.

Jacob folgt ihr zögernd. Mit einem unguten Gefühl nimmt er neben ihr Platz. Die beiden schweigen und schauen Ole zu, der sich im Gras wälzt. Jacob weiß nicht, was er sagen soll. Warum hat Lisa das bloß gemacht?, fragt er sich. Warum hat sie ausgerechnet Anna angerufen? Und was hat sie ihr erzählt?

Schließlich ist Anna diejenige, die das Wort ergreift. „Lola Löwenherz – ich erinnere mich gut an das Buch. Deine Mutter oder Lisa hat es uns manchmal vorgelesen, wenn wir bei euch waren. Wir konnten gar nicht genug davon bekommen, weißt du noch?"

Erleichtert stellt Jacob fest, dass Anna ein wenig lächelt bei dem Gedanken an ihre gemeinsam verbrachte Kinderzeit.

„Und jetzt?", fragt sie nach einer Weile und schaut ihn auffordernd an.

Jacob kann ihrem Blick nicht standhalten. Er zuckt mit den Schultern und muss erst einen Moment überlegen, bevor er etwas erwidern kann. „Was hat dir Lisa denn erzählt?"

„Die ganze Geschichte. Sie hat sich Sorgen um dich gemacht, deshalb hat sie angerufen. Sie meinte, dass du Hilfe brauchst, Hilfe von einer guten Freundin, und dabei hat sie an mich gedacht. Als sie das Buch von Lola Löwenherz auf der Kinderstation vorgelesen hat, ist ihr alles klar geworden. Sie hat sofort gewusst, dass du Löwenherz bist."

Jacob nickt. Die Situation ist ihm schrecklich unangenehm, am liebsten würde er im Erdboden versinken. Wenn er schon mit jemand anderem außer Lisa darüber sprechen muss – muss es ausgerechnet Anna sein? Nun aber ist sie hier und Lisa hat sicher nicht grundlos Anna ausgesucht, denkt Jacob. Schließlich sagt er kleinlaut: „Ich wollte nicht, dass es so kommt. Irgendwie hab ich gar nicht richtig darüber nachgedacht."

„Und das Foto? Wie hast du das gemacht?", fragt Anna, ohne ihn dabei anzusehen.

„Das ging ganz einfach. Bilder kann man so leicht verändern. Wenn man sich ein bisschen damit auskennt, dann geht das ohne Probleme."

„Hätte ich dir gar nicht zugetraut, das Foto sah ziemlich echt aus. Du hast uns allen was vorgemacht."

„Ich weiß und das tut mir auch wirklich leid. Aber ich wollte unbedingt, dass mein Vater wieder Arbeit bekommt und wir nicht umziehen müssen. Er hat überlegt, das Haus zu verkaufen. Ich hab gesehen, dass er in der Zeitung nach Wohnungen gesucht hat. Da hab ich irgendwie Panik bekommen."

„Und dafür hättest du die Villa geopfert?"

„Ich dachte eben, dass es ja nicht unbedingt die Villa sein muss, wo wir uns treffen, und dass wir bestimmt einen anderen Treffpunkt finden werden. Wegzuziehen und dich … äh … und euch alle nur noch selten sehen zu können, war für mich viel schlimmer als die Schließung der Villa."

Anna nickt nachdenklich und Jacob ist froh, dass sie ihn nicht mit Vorwürfen überhäuft, sondern ihm geduldig zuhört. *Vielleicht sollte ich einfach aufhören, in Anna verliebt zu sein, vielleicht ist sie wirklich nur eine sehr, sehr gute Freundin,* denkt Jacob. *Und vielleicht ist das sogar viel mehr wert.*

„Was machen wir jetzt?", fragt Anna und unterbricht seine Gedanken.

Jacob zuckt mit den Schultern. „Wirst du es allen erzählen?"

„Ich?", fragt Anna erstaunt. „Ich glaube, das solltest du selbst tun. Oder willst du etwa dabei bleiben, dass das Foto echt ist?"

Jacob schüttelt den Kopf. „Nein, das geht jetzt sowieso nicht mehr. Ist eh alles vorbei. Wenn Herr Meyer wirklich zur Bürgerversammlung kommt und sagt, dass nie Fässer vergraben worden sind, dann wird die Villa nicht geschlossen und das Bauvorhaben wird nicht weitergehen."

„Aber nur, wenn die anderen Herrn Meyer glauben", sagt Anna.

„Das müssen sie, Anna. Und ich muss sagen, dass das alles nicht stimmt. Die Meyers haben mir so leidgetan, ich hab mich total geschämt. Die waren völlig verzweifelt und ich bin schuld daran. Glaubst du mir, dass ich das nicht wollte?"

„Klar", sagt Anna und nimmt plötzlich seine Hand. „Ich hab doch gemerkt, wie schlecht es dir ging, als wir mit dem Zug nach Hause gefahren sind."

Später sitzen die beiden in der Küche und essen Pizza. Als sich Anna bei Einbruch der Dunkelheit auf den Heimweg macht, ist Jacob unheimlich dankbar, dass Lisa bei ihr angerufen hat. Endlich weiß er wieder, was er tun muss. Er wird bei der Bürgerversammlung alles zugeben, alles erklären und dann abwarten, was passiert. Aber vorher wird er noch etwas anderes machen, etwas, das ihm viel wichtiger erscheint.

31. Kapitel

Im Gemeindesaal herrscht großer Andrang. Viele Bürger von Marzheim sind frühzeitig erschienen, um sich einen guten Platz in den vorderen Reihen zu sichern. Anna, Neyla und Oscar stehen an der Seite und schauen dem Treiben zu, Kanzi sitzt in der ersten Stuhlreihe neben Thomas Hellmann. Auf den Stühlen verteilt liegen Flyer, an der Wand, vor der der Bürgermeister steht, hängt eine große Leinwand.

Anna schaut sich suchend nach Jacob um und blickt immer wieder auf ihre Uhr. In wenigen Minuten wird es losgehen und von Jacob ist weit und breit nichts zu sehen. Es fällt ihr schwer, ihre Ungeduld vor ihren Freunden zu verbergen. Niemand weiß bisher das, was Anna weiß. Wo er nur bleibt? Ob er vielleicht doch kneift und sich der Situation nicht stellen will? Anna kann das nicht glauben, aber eine andere Erklärung findet sie nicht. „Ich geh mal kurz raus", sagt sie zu Neyla.

„Der Meyer wird nicht kommen", sagt Oscar resigniert.

Nein, wird er nicht, denkt Anna. Warum sollte er auch? Sie schiebt sich durch die Menschen, die auf den Beginn der Versammlung warten. Auch vor der Tür stehen noch viele Marzheimer, die miteinander in Gespräche vertieft sind. Anna schaut die Straße entlang in die Richtung, aus der sie Jacob erwartet, aber er ist nirgendwo zu sehen. Nach und nach gehen alle in den Saal und ein Blick auf die Uhr verrät Anna, dass die Versammlung beginnt. Enttäuscht und verärgert schließt sie sich der Gruppe an, die den Raum betritt, bevor die Türen geschlossen werden.

Peter Frisch beginnt seine Rede und zeigt auf Bildern, die an die Leinwand projiziert werden, wie er sich das künftige Gewerbegebiet vorstellt. Verschiedene Entwürfe werden gezeigt und besprochen. Und egal, wie unterschiedlich die Gebäude angeordnet werden sollen, die Zufahrt erfolgt immer über das Gelände der alten Wäscherei. Auf den Entwürfen ist die Villa nicht mehr zu sehen.

„Sie haben uns einfach ausradiert", flüstert Oscar.

„Ich bin gespannt, ob überhaupt noch irgendjemand fragen wird, was eigentlich aus uns werden soll", sagt Neyla wütend.

„Dürfen wir denn davon ausgehen, dass der gesamte Verkehr, der durch den Neubau entstehen wird, nicht durch die Marzheimer Straßen führen wird?", fragt Martins Mutter an den Bürgermeister gewandt.

„Ha!", ruft ein älterer Mann dazwischen. „Das glauben Sie doch wohl selbst nicht. Natürlich bekommen wir alles ab: die Baufahrzeuge, die Anlieferer … Jeder wird schön an unseren Häusern vorbeifahren."

„Nein, so wird das nicht sein", sagt Peter Frisch energisch. „Darüber muss sich niemand Sorgen machen. Für uns hat es absolute Priorität, dass sich keiner durch den Bau in seiner Lebensqualität eingeschränkt sieht." Dann dreht er sich um zu der Leinwand hinter sich, zeigt auf eine eingezeichnete Linie und erklärt: „Wir werden, wie hier gut zu sehen ist, eine Umgehungsstraße bauen, die von den Fahrzeugen genutzt wird."

„Das ist unser Garten", flüstert Oscar.

„Kein Dreck und kein Lärm?", vergewissert sich eine andere Teilnehmerin.

„Kein Dreck und kein Lärm", antwortet Peter Frisch lächelnd. „Das verspreche ich Ihnen. Es wird sich niemand belästigt fühlen und für uns alle wird der Bau einen Gewinn bringen."

„Für uns nicht", quakt Kanzi plötzlich dazwischen.

Peter Frisch schaut überrascht zu dem kleinen Gast in der ersten Reihe. Er räuspert sich und schaut kurz Hilfe suchend zu seiner Tochter, die an der Seite steht und ihm einen auffordernden Blick zuwirft. Anna registriert, dass er sein Politikerlächeln aufsetzt, als er sich Kanzi zuwendet. Sie hasst dieses Lächeln bei ihrem Vater, auf sie wirkt es unnatürlich und berechnend. „Für euch ist das alles sicherlich nicht schön. Das kann ich gut verstehen. Für jeden von uns war es eine unangenehme Überraschung, als wir erfahren haben, was sich früher auf dem Gelände der Villa zugetragen hat …"

„Was hat sich denn zugetragen?", ruft plötzlich jemand aus den hinteren Reihen.

Der Bürgermeister stellt sich auf die Zehenspitzen und versucht, den Fragenden auszumachen, was jedoch wegen des enormen Besucherandrangs unmöglich ist. Anna schaut auch hinüber in die Richtung, aus der der Zwischenruf gekommen sein muss. Sie erkennt Daniel zwischen den Menschen, der aus wechselnden Positionen Fotos schießt.

„Wir mussten leider feststellen, dass auf dem Gelände der Wäscherei zu früheren Zeiten Dinge vergraben worden sind, über deren Auswirkungen wir im Moment leider noch nicht umfassend informieren können. Nur eine Sache können wir mit Sicherheit sagen: Für unsere Kinder ist dies ein gefährlicher Ort."

Im Saal entsteht lautes Gemurmel der Zustimmung. „Genau!" – „Sauerei!" – „Skandal!" – „Umweltverschmutzung!", hört man die Menschen rufen.

„Wir werden den Verantwortlichen zur Rechenschaft ziehen, das verspreche ich", sagt der Bürgermeister beschwichtigend.

„Das können Sie sofort machen", ruft wieder die männliche Stimme aus den hinteren Reihen. Zwischen den stehenden Besuchern bildet sich eine schmale Gasse, durch die sich ein älterer Herr schiebt, gefolgt von einem Jungen, der betreten zu Boden schaut: Jacob.

32. Kapitel

Im Publikum ist es unruhig geworden. Daniel hat sich bis nach vorne durchgekämpft und hält seine Kamera auf die beiden Personen, die neben dem Bürgermeister stehen. Neyla und Oscar schauen überrascht zu Anna, die sich um Gelassenheit bemüht, obwohl ihr Herz wild schlägt.

„Was ist denn hier los?", fragt Oscar. „Was macht Jacob mit dem Meyer hier? Wieso kommen die zusammen?"

Anna antwortet nicht. Sie schaut gespannt nach vorne. Endlich schaut auch Jacob in ihre Richtung und ihre Blicke treffen sich. Aufmunternd zwinkert sie ihm zu und Jacob nickt leicht.

„Mein Name ist Herbert Meyer und ich habe die Wäscherei jahrelang geführt. Wir haben niemals irgendetwas im Boden vergraben, keine Fässer, keine giftigen Chemikalien und auch sonst nichts. Bei uns wurde immer alles ordnungsgemäß entsorgt. Sie können mir glauben, Sie können es aber auch lassen und stattdessen das gesamte Gelände umgraben. Finden werden Sie nichts."

Wieder entsteht Unruhe im Saal. Martins Mutter ruft: „Das ist ja wohl ein schlechter Witz! Es gibt ein Beweisfoto!"

Herr Meyer bleibt ganz ruhig. Er legt seinen Arm um Jacobs Schultern und wartet einfach nur ab.

Hilfe suchend schaut Jacob zu Anna, die ihm wieder zuzwinkert. Dann fasst er sich ein Herz und sagt leise: „Nein, so ein Foto gibt es nicht. Ich ... ich ... ich war das. Ich habe das Foto so verändert ... und ich habe es auch ins Internet gestellt ... Ich ... Es tut mir leid."

„Waaas? Du bist Löwenherz?", ruft Oscar entsetzt.

Anna boxt ihm leicht in die Seite und er versteht, dass Anna von dem, was gerade vor sich geht, mehr weiß als er selbst – und wahrscheinlich auch mehr als alle anderen im Saal.

Thomas Hellmann springt wütend von seinem Platz auf, aber der Bürgermeister deutet ihm mit einer Handbewegung an, dass er sich wieder setzen soll. „Das ist der größte Unsinn, den ich jemals gehört habe", ruft Jacobs Vater stattdessen nach vorne.

„Es stimmt aber, Papa", sagt Jacob leise, ohne seinen Vater anzusehen.

Im Saal wird es sehr still, die Leute schauen sich unsicher um, flüstern nur noch miteinander.

Peter Frisch stellt sich vor das ungleiche Gespann auf der Bühne und ergreift wieder das Wort. „Natürlich werden wir das prüfen, natürlich … Spätestens zu Baubeginn werden wir sehen, ob wir Ihrer Aussage Glauben schenken dürfen." Dann setzt er sein Politikerlächeln auf und wendet sich der Leinwand zu, um in seinem Programm fortzufahren.

„Einen Moment noch!", ruft Rike. „Wenn es doch laut Aussage des Herrn hier und laut Aussage von Jacob alles nur ein Fake war, warum sollte dann die Villa geschlossen werden? Der Grund für die Schließung war immer die Gefahr. Die scheint es aber nie gegeben zu haben."

„Genau!", ruft Kanzi und klatscht vor Begeisterung in die Hände. Oscar, Neyla und Anna stimmen in den Applaus ein.

Peter Frisch schaut unsicher zu Jacobs Vater und den anderen beiden Männern, die neben ihm auf der Bühne stehen, um die Baupläne näher zu erläutern. „Die Villa ist geräumt und so wird es jetzt auch bleiben", sagt der Bürgermeister energisch und von seinem Politikerlächeln ist nichts mehr zu sehen. „Hier geht es um das Allgemeinwohl und nicht nur um das Wohl der Kinder."

„Um das Wohl der Kinder muss es immer gehen. Sie sollten an erster Stelle stehen", mischt sich Herr Meyer wieder in das Gespräch ein. „Und gerade die Marzheimer

Jugendlichen habe ich als ganz besondere Menschen kennengelernt."

Peter Frisch ist sichtlich genervt. Er wischt sich seine schweißnassen Hände an der Hose ab und legt die Stirn in Falten. „Machen Sie sich keine Sorgen um unsere Kinder, auf die passen wir auch ohne Ihre Hilfe auf. Wir werden einen anderen Treffpunkt finden, das verspreche ich … Aber jetzt wollen wir …"

„Wo denn?", ruft Kanzi wieder dazwischen und zum ersten Mal seit Beginn der Veranstaltung hört man viele Menschen im Saal lachen.

„Was ist denn mit der alten Scheune? Die steht doch schon lange leer. Wir könnten die Scheune herrichten. Wenn wir alle mit anpacken, bekommen wir das auch hin", sagt plötzlich Jacobs Vater und lächelt seinem Sohn vorsichtig zu. Entschlossen steht er auf und ruft in den Saal: „Ich bin auf jeden Fall dabei!" Als es still wird im Raum, fügt er auffordernd hinzu: „Kommt, Leute, es sind unsere Kinder und unsere Stadt!"

Ein unruhiges Gemurmel geht durch die Reihen, aber dann stehen nach und nach weitere Männer und Frauen auf und sagen ihre Hilfe und Unterstützung zu. Und kurze Zeit später sitzt kaum noch ein Marzheimer auf seinem Stuhl.

33. Kapitel

Vor dem Gemeindesaal haben sich die Marzheimer in Grüppchen zusammengefunden und diskutieren über das Gewerbegebiet, die Villa und die Scheune. Anna, Neyla und Oscar stehen an der Seite und warten auf Jacob. Kanzi hat sich unter die Leute gemischt und hört deren Gesprächen aufmerksam zu.

Als Herr Meyer aus dem Saal kommt, hält Anna ihn fest. „Wir, wir … wollten uns bei Ihnen entschuldigen", stammelt sie. „Unser Verdacht war falsch."

Herr Meyer lächelt und sagt: „Vergeben und vergessen. Ihr habt eigentlich alles richtig gemacht. Man darf Leute nicht einfach so davonkommen lassen, wenn sie Unrecht tun."

„Wieso sind Sie denn zusammen mit Jacob gekommen?", fragt Oscar.

„Er hat uns noch einmal besucht. Er hat sich entschuldigt und uns die Sache erklärt und wir haben gemerkt, dass ihm das alles sehr, sehr leidtut. Das war mutig von ihm. Nicht jeder kann zu seinen Fehlern stehen und sich dafür entschuldigen. Gut, dass das nun aus der Welt geschafft ist."

Kanzi hat sich inzwischen zu der Gruppe gesellt. Er zieht an der Jacke von Herrn Meyer und fragt: „Kann ich Sie mal wieder besuchen?"

Der alte Herr lacht und nickt. „Das kannst du. Meine Frau wird sich bestimmt auch sehr freuen."

Dann kommen Jacob und sein Vater aus dem Gebäude. Schuldbewusst senkt Jacob den Blick, als er an seinen Freunden vorbeiläuft.

Herr Meyer hält Thomas Hellmann am Arm fest. „Du kannst stolz auf deinen Jungen sein", sagt er freundlich. Jacobs Vater wirkt verunsichert und nachdenklich.

Oscar legt seinen Arm um Jacobs Schulter und Jacob lächelt ihn dankbar an, bevor er leise sagt: „Ich wollte nicht, dass es so kommt."

Oscar nickt und sagt: „Weiß ich doch."

„Kannst du mir gleich mal zeigen, wie du das gemacht hast mit dem Foto?", fragt Kanzi und fügt mit einem Hauch von Bewunderung hinzu: „Das ist wirklich cool."

Neyla gibt ihrem kleinen Bruder einen Klaps auf den Hinterkopf und sagt das, was sie am liebsten sagt: „Halt die Klappe, Kanzi."

„Wir beide gehen jetzt erst mal nach Hause und dann reden wir, von Vater zu Sohn und von Mann zu Mann", sagt Thomas Hellmann.

Jacob nickt und schließt sich seinem Vater an. Als sie ein kleines Stück gegangen sind, hört Jacob Anna rufen. Er dreht sich um und wartet. Anna kramt aus ihrer Hosentasche einen mehrfach gefalteten Zettel, den sie Jacob in die Hand drückt. Jacob muss das Papier gar nicht genau ansehen. Er weiß sofort, dass das der Zettel ist, auf den er Annas Namen geschrieben hat – in Sternform und mit einem gebrochenen Herz in der Mitte.

„Ich finde das total süß", sagt sie und lächelt. Und auf seinen zweifelnden Blick hin fügt sie hinzu: „Wirklich."

Leseprobe aus:

Heidemarie Brosche,
Couch on Fire

Schulausgabe erschienen im
Hase und Igel Verlag, München
ISBN 978-3-86316-136-1
Begleitmaterial für Lehrkräfte
ISBN 978-3-86316-137-8

Yayo, die von meinen Qualen nichts ahnt, holt ein Brötchen aus ihrer Box, strahlt mir ins Gesicht und sagt: „So, und jetzt verrat mir das mal!"

Was soll ich ihr denn verraten? Warum ich keinen vernünftigen Satz über die Lippen bringe, sobald sie in meiner Nähe ist? Warum sie in meinen Gedanken längst „meine Hinata" ist? Warum ich eifersüchtig bin wie ein Vollidiot? Ich starre sie ratlos an.

„Das mit deinen Namen", hilft Yayo mir auf die Sprünge. „Warum du so viele hast. Ich bin immer nur Yayo."

Beinahe hätte ich den Kopf geschüttelt. Bist du nicht!

Dann versuche ich ihr möglichst munter die Geschichte meiner Namensgebung zu erklären. Ich erzähle, dass meine Eltern sich bloß schwer einigen konnten. Bei meiner Geburt bestand meine Mutter auf dem Namen ihres Vaters Matthias und mein Vater auf dem Namen seines Vaters Georg. Deshalb traten sie am Standesamt mit dem absolut originellen Namen Matthias-Georg an. Tja, und dass meine Oma den Namen liebt und meine Mutter mich bloß dann mit diesem Fünf-Silben-Monstrum traktiert, wenn sie sauer ist.

An dieser Stelle unterbreche ich meine Rede. Das Mädchen neben mir soll ja keine Gähnkrämpfe bekommen.

Doch Yayo wirkt alles andere als gelangweilt. „Und wie willst du genannt werden?", fragt sie interessiert.

„Matthi", sage ich. „Finde ich am besten."

Ich glaube, ich werde ein wenig rot dabei. Ist ja auch wirklich sehr intim, was ich ihr da soeben anvertraut habe.

Aber vermutlich würde ich sogar rot werden, wenn ich Yayo meine Schuhgröße verraten würde.

„Okay." Yayo nickt.

Ganz offensichtlich ist ihr die Farbveränderung in meinem Gesicht nicht aufgefallen. Und ganz offensichtlich will sie noch mehr über mich wissen.

„Wie war doch gleich dein Spitzname?", fragt sie neugierig. „Der war irgendwie witzig. Ein Möbelstück. Kurzes Wort, nur eine Silbe."

„Schrank", sage ich, stelle mich breitbeinig hin und strecke die Brust raus. „Weil ich ein Kerl wie ein Schrank bin."

Ich bin selbst ganz entzückt, dass mir so etwas Witziges eingefallen ist.

Auch bei Yayo habe ich anscheinend voll ins Schwarze getroffen. Sie lacht, bis sie sich verschluckt und ihr das Wasser aus den Augen tritt. „Entschuldigung", stammelt sie und wischt sich die Lachtränen ab. „Das war nicht gegen dich gerichtet. Aber du bist echt witzig."

„Siehste", möchte ich Rimon hinterherschreien, „so geht das!" Du machst dich über dich selbst lustig, und schon hast du die Frauen.

Im nächsten Moment wird mir klar: Ich habe Yayo nicht, ich habe sie nur zum Lachen gebracht. Weil ich eben das Gegenteil von einem Schrank bin. Ich spüre förmlich, wie ich schrumpfe – zu einem kleinen, wackligen Schränkchen, das in sich zusammenkracht, wenn man die Tür ein wenig fester schließt …

„Jetzt verrat mir doch, wie die dich genannt haben!" Yayo, die sich mit einem Papiertaschentuch die Augen tupft, lässt nicht locker.

„Couch", sage ich, weil ich weiß, dass ich keine Chance habe.

„Genau, das war's!", gluckst Yayo und nickt begeistert mit ihrem Hinata-Köpfchen. „Aber wie kommt das?"

Ich überlege. Wie kann ich darauf antworten, ohne mich selbst noch kleiner zu machen?

Diesmal rettet mich ausgerechnet Firat, der – gefolgt von zwei Zwergen, die tatsächlich kleiner sind als er – großspurig Runden dreht. „Oh, hier isst jemand ein Blötchen!", tönt er laut in Richtung Yayo. Und damit seinen Superwitz auch wirklich jeder kapiert, fügt er hinzu: „Die können kein R sagen, die Japsen."

Mit seinem bescheuerten Spruch bringt er mich auf eine super Idee. „Oh ja, da ist jemand wirklich ein *Blöd*chen", stoße ich hervor und deute mit dem Kinn auf Firat. „Ein richtig hohles Mini-*Blöd*chen!"

Ich weiß, dass ich mir nach Kevin nun auch Firat zum Feind gemacht habe. Aber manchmal muss man eben furchtlos sein.

Während ich mich noch an meinem Mut-Anfall erfreue, passieren drei Dinge gleichzeitig:
- Yayo schaut mich überrascht an.
- Firat schreit: „Wart's ab, du Wichser!"
- Der Pausengong ertönt.

„Danke!", flüstert mir Yayo zu, als wir uns mit der Masse ins Schulhaus bewegen. Dann sagt sie laut: „Soll ich Firat fragen, ob er etwas von meinem frischen Brötchen mag?" Dabei betont sie jedes R so deutlich, dass auch dem allergrößten Fan klar ist, wie sehr der Typ danebenlag.

„Die kann ja doch ein R sagen", lässt einer der Zwerge hinter uns tatsächlich hören.

Eines ist klar: Firat verliert gerade Punkte.

Firats Antwort ist ein leises Zischen. Was in ihm vorgeht, kann ich mir gut vorstellen. Doppelt blamiert zu werden ist nicht das, was ein Mann wie er mit Würde erträgt.